NaturheilPraxis Hunde

Petra Stein

NaturheilPraxis

Hunde

**Schnelle Selbsthilfe durch
Homöopathie und Bach–Blüten**

Farbfotos von Monika Wegler

Zeichnungen von György Jankovics

GU GRÄFE UND UNZER

Inhalt

Was Sie über Ihren Hund wissen sollten

Gesundheitsvorsorge .... Seite 8

Der richtige Umgang .... Seite 10

Die richtige Haltung .... Seite 12

Die richtige Ernährung .... Seite 14

Naturheilverfahren
im Überblick .... Seite 18

Warum Komplexmittel? .... Seite 22

Besuch beim Therapeuten .... Seite 24

Krankheiten schnell erkennen -
Erstdiagnose .... Seite 26

Krankheiten selbst behandeln

Seite 32–101
(→Kasten Seite 5)

Praxis für den Hundehalter

Erste Maßnahmen .... Seite 104

Verabreichen von Naturheilmitteln .... Seite 106

Vorbeugende Pflegemaßnahmen .... Seite 108

Diäten .... Seite 110

Verletzungen .... Seite 112

Krankheiten erkennen .... Seite 114

Anhang

Verzeichnis der Naturheilmittel .... Seite 116

Lexikon .... Seite 122

Beschwerdenregister .... Seite 124

Krankheiten selbst behandeln

1	Erkrankungen an Kopf und Sinnesorganen	Seite 34
2	Erkrankungen der Atmungs- und Kreislauforgane	Seite 39
3	Erkrankungen des Verdauungsapparates	Seite 44
4	Erkrankungen der Harnwegs- und Geschlechtsorgane	Seite 62
5	Erkrankungen der Haut und Drüsen	Seite 73
6	Erkrankungen der Nerven und des Bewegungsapparates	Seite 87
7	Kranke Psyche	Seite 94
8	Notfälle	Seite 99

Was Sie über Ihren Hund wissen sollten

Wer mit Hunden aufgewachsen ist, wird diese Zeit nie mehr missen wollen. Er wird auch für die Zukunft immer einen Hund um sich haben wollen, sei es als Spielkamerad, Wachhund, Begleiter bei Spaziergängen oder als »Ansprechpartner«, wenn man selbst älter geworden oder allein ist.

Allerdings tragen Sie als Tierhalter auch Verantwortung für Ihren Hund. Dazu gehört nicht nur, daß Sie dem Hund etwas zum Fressen hinstellen und ihm einen Schlafplatz zuweisen, dazu gehört auch die Zeit, sich mit ihm zu beschäftigen und Sorge zu tragen, daß er nicht krank wird.

Gesundheits-vorsorge

Die regelmäßige Krankheitsvorsorge

Wir Menschen gehen normalerweise einmal jährlich zum Therapeuten zur Vorsorgeuntersuchung. Dadurch kann man Krankheiten bereits im Entstehen erkennen und verhindern, daß sie überhaupt ausbrechen, schon bestehende Krankheiten können sich nicht über längere Zeit im Organismus manifestieren und dort größere Schäden anrichten. Eben dies sollten Sie auch mit Ihrem Vierbeiner tun. Ein guter Tierarzt wird von sich aus, auch wenn Sie »nur« zu einer notwendigen Impfung kommen, den Kot des Tieres auf Würmer untersuchen und den Hund abhören. Stellen Sie das Tier einmal jährlich einem Tierheiltherapeuten zur Bioresonanzanalyse (→Seite 24) vor, um auch Krankheits-Bereitschaften rechtzeitig erkennen zu können. Sie wissen ja: Je eher eine Krankheit entdeckt wird, desto besser sind die Therapiemöglichkeiten und Heilungschancen für Ihren Hund.

Vorbeugung vor Zecken

Zecken sind vor allem im Frühjahr und Herbst aktiv. Die Weibchen übertragen beim Blutsaugen gefährliche Krankheitserreger (→Seite 82). Durch die Gabe von Formel-Z-Tabletten können Sie Ihren Hund schützen. Die Tabletten enthalten Mineralien, Vitamine und Trockenfleisch und verleihen der Haut eine Ausdünstung, die die Zecken nicht mögen. Sie selbst nehmen diesen veränderten Geruch nicht wahr.

Die herkömmlichen Zeckenhalsbänder enthalten oftmals chemische Substanzen, die durch die Haut in den Stoffwechsel gelangen und diesen belasten können.

Vorsorge vor Wurmbefall

Ein Hund infiziert sich in den meisten Fällen mit Darmparasiten (→Seite 57) durch den Genuß von rohem Fleisch, das nicht zum menschlichen Verzehr freigegeben ist und das vor der Fütterung nicht eingefroren war.

Lassen Sie zweimal jährlich eine Kotprobe Ihres Hundes auf Würmer untersuchen (wird bei einem »Check-up« beim Therapeuten automatisch mitgemacht). Werden keine Würmer festgestellt, reicht es aus, wenn Sie dem Hund an den nächsten 10 Tagen einmal täglich 5 bis 10 Tropfen Tanacet-Heel geben; damit schaffen Sie im Darm ein ungünstiges Klima für Würmer.

Eine richtige Entwurmung sollte nur dann durchgeführt werden, wenn die Kotprobe positiv ausfällt. In diesem Fall bekommen Sie vom Therapeuten ein geeignetes Mittel, das die Darmflora nicht schädigt.

Impfschema

Als Welpe:
in der 10. Lebenswoche
✓ Staupe, Hepatitis, Parvovirose, Leptospirose
in der 14. Woche
✓ Staupe, Hepatitis, Parvovirose, Leptospirose
✓ Tollwut

ab dem 1. Jahr:
einmal jährlich
✓ Tollwut

einmal jährlich im Wechsel
✓ Staupe/Hepatitis sowie
✓ Parvovirose/Leptospirose

Am Boden schnüffelnd nehmen Hunde nicht nur Informationen, sondern auch viele Krankheitskeime auf.

Regelmäßige Impfungen

Durch regelmäßiges Impfen beim Tierarzt können Sie verhindern, daß sich Ihr Hund mit verschiedenen Infektionskrankheiten ansteckt.

Vor der 10. Lebenswoche ist eine Impfung nicht sinnvoll, da der Welpe bis dahin noch den Schutz durch die Antikörper der Mutter genießt.

Als Anhaltspunkt dient das Impfschema Seite 8.

Die Tollwutimpfung benötigen Sie zum Beispiel auch an der Grenze, wenn Sie mit dem Hund ins Ausland reisen.

Gegen Zwingerhusten sollten Sie den Hund nur dann impfen, wenn er häufig in einer Sammelunterkunft lebt; für einen Haushund ist sie demnach nicht nötig.

Wodurch können Erkrankungen ausgelöst werden?

Das können sowohl äußere als auch innere Faktoren und psychische Störungen sein.

Zu den äußeren Faktoren gehören nicht nur Bakterien, Viren und Pilze sowie Nässe und Kälte, sondern in zunehmendem Maße auch Umweltein-

Spielen und neugieriges Erkunden der Umgebung sind Kennzeichen des gesunden Hundes.

flüsse in Form von Abgasen oder Lärm. Zu den inneren Ursachen zählen neben über die Nahrung aufgenommenen Schadstoffen auch Erbanlagen, die durch falsches Zuchtverhalten bei manchen Rassen gehäuft auftreten. Sie bedingen von Geburt an in den Hunden die Bereitschaft zu bestimmten Krankheiten.

Eine gestörte Psyche kann die Anfälligkeit für Krankheiten heraufsetzen und die Fähigkeit des Körpers zur Selbstheilung mindern.

Der richtige Umgang

Für den Tierbesitzer sollte es eine Selbstverständlichkeit sein, den Hund so zu pflegen und zu halten, daß er sich rundherum wohlfühlt.

Das gute Miteinander zwischen Mensch und Hund

Vor der Anschaffung eines Hundes sollten Sie überlegen, ob Sie genügend Zeit dafür haben. Sind Sie viel außer Haus und können das Tier nicht mitnehmen, sollten Sie zu dessen Wohl auf die dann nur gelegentliche Gesellschaft eines Hundes verzichten. Hunde sind von ihrer Abstammung her Rudeltiere und leiden sehr unter dem Alleinsein. Erziehen Sie Ihren Hund mit liebevoller Konsequenz. Je frühzeitiger Sie sich mit Ihrem Vierbei-

Der erste Kontakt zwischen fremden Hunden findet mit der Nase statt.

ner auseinandersetzen, desto einfacher werden Sie es künftig miteinander haben. Spielerisch kann man einem Welpen so ziemlich alles beibringen, was für ein harmonisches Miteinander wichtig ist, denn er empfindet Ihre Erziehungsmaßnahmen nicht als »Druck«, der seinen Widerspruch von vornherein hervorruft.

Wenn der Hund etwas richtig gemacht hat, darf die Belohnung natürlich nicht fehlen!

Strafen Sie Ihren Hund nie, wenn er nach irgendeiner Schandtat zu Ihnen kommt; er wird Ihren Tadel nicht mit der »Tat« an sich in Verbindung bringen, sondern mit Ihnen persönlich. Ein dadurch verlorenes Vertrauen ist schwer wieder zu gewinnen. Strafen Sie den Hund nur, wenn Sie ihn »auf frischer Tat« ertappen. Schlagen Sie ihn nie mit der Hand – die Hand sollte dem Hund nur Lob, Zuwendung in Form von Streicheleinheiten und Vertrauen vermitteln!

Spielen Sie so oft wie möglich mit Ihrem Hund und unterhalten Sie sich mit ihm. Sie werden merken, daß auch der Hund mit Ihnen durch seine Körpersprache spricht.

Die artgerechte Pflege

einmal täglich
- ✓ Bürsten
- ✓ Augenpflege
- ✓ Zahnpflege

nach jedem Spaziergang
- ✓ Reinigung des Nasenspiegels
- ✓ Pfotenpflege
- ✓ After- und Penispflege

einmal wöchentlich
- ✓ Ohrenpflege

bei Bedarf
- ✓ Krallenpflege
- ✓ Baden

Wer setzt hier wohl seinen Kopf durch?

Wenn Sie sich zu Ihrem Hund einen zweiten an-
schaffen, schenken Sie beiden Tieren die gleiche
Aufmerksamkeit und ziehen Sie keines dem anderen vor. Sonst provozieren Sie bereits von Beginn
an Eifersucht und Argwohn bei den Tieren, ein
harmonisches Zusammenleben ist dann nur noch
schwer zu erreichen.

Das gute Miteinander zwischen Kind und Hund

Wer selbst mit Tieren aufgewachsen ist, weiß, wie
schön eine Freundschaft zwischen Kind und Hund
sein kann. Das Kind lernt auf diese Weise, verant-
wortungsvoll mit einem Tier umzugehen.

Auch wenn sich Kind und Hund gut verstehen,
müssen Sie als Tierhalter einiges bedenken:
● Sie verletzen Ihre Aufsichtspflicht, wenn Sie
Kleinkinder mit dem Hund allein zu Hause lassen –
egal wie klein und gutmütig Ihr Hund ist. Tiere
können in bestimmten Situationen unberechenbar
reagieren!
● Um das Risiko einer Wurmübertragung auf Ihr
Kind auszuschließen, müssen Sie den Kot des Hundes regelmäßig auf Würmer untersuchen lassen.

Die richtige Haltung

Wie Sie wissen, stammt der Hund vom Wolf ab. Und von seinem wilden Stammvater hat er beibehalten, daß er sich als Mitglied eines Rudels einer festen Hierarchie unterordnet und alle Gepflogenheiten akzeptiert. Das bedeutet jedoch für Sie als Tierhalter, daß Sie Rücksicht nehmen sollten auf die Verhaltensweisen und Eigenarten des Hundes und einen bestimmten Tagesrhythmus sowie feste Plätze einhalten sollten. Sie wollen ja schließlich, daß sich Ihr Hund bei Ihnen wohlfühlt und weder körperliche noch seelische Mängel erleidet.

Der Hundeplatz

Dieser Platz ist wichtig, denn dorthin soll sich der Hund jederzeit zurückziehen können, wenn ihm danach ist. Am besten wäre es natürlich, wenn er sich diesen Platz selbst aussuchen könnte. In den begrenzten Möglichkeiten einer Wohnung wird dies allerdings nur in den seltensten Fällen gehen. Wenn Ihr Hund aber partout nicht an der von Ihnen ausgewählten Stelle bleiben will, muß das nichts mit Ungehorsam zu tun haben. Es kann schlichtweg der falsche Platz sein, weil er entweder an einer Durchgangsstelle liegt, zugig ist oder weil Ihrem Hund das Elektromagnetfeld dort nicht behagt. Dann sollten Sie auf jeden Fall einen neuen Ruheplatz suchen.

Bereiten Sie dem Hund an seinem Platz je nach Größe des Tieres ein Lager – entweder in einem Körbchen, auf Verbundschaumstoff oder auf einer festen Matratze –, das mit einer Decke oder einem Handtuch bedeckt sein sollte. Die Decke sollten Sie einmal wöchentlich in der Waschmaschine auskochen, um zu verhindern, daß sich dort Krankheitskeime wie Bakterien ansiedeln.

Halten Sie Ihren Hund nur dann im Zwinger, wenn es keine andere Möglichkeit gibt, das heißt, wenn er als Wachhund seinen Dienst versehen soll. Hunde an eine Kette zu legen, ist schlichtweg ein Verbrechen! Wenn diese Tiere dann aggressiv und argwöhnisch werden, ist es kein Wunder.

Der Futterplatz

Gewöhnen Sie Ihren Hund daran, daß sein Futter- und Wassernapf immer an der gleichen Stelle stehen. Aus hygienischen Gründen sollte das dort sein, wo Sie den Boden gut reinigen können, falls dem Hund beim Fressen etwas vom Futter aus dem Napf fällt.

Bei der Schmusestunde in Mamas Körbchen fühlt sich der Welpe sichtlich wohl.

So ist es richtig! Frei neben dem Rad laufend kann der Hund sein Tempo selbst bestimmen.

Außerdem sollte der Hund an seinem Futterplatz ungestört fressen können.
Zu Futterzeiten und Futtermenge →Seite 16.

Der tägliche Spaziergang

Von seinem Stammvater Wolf hat der Hund sein großes Bedürfnis nach Bewegung beibehalten. Und diese Bewegung müssen Sie ihm täglich ermöglichen, damit er gesund und fit bleibt bis ins Alter und sich wohlfühlt.

Aus diesem Grund sollten Sie pro Tag drei- bis viermal einen Auslauf einplanen. Dieser ist auch wichtig, daß Ihr Hund Kot und Urin absetzen kann. Je nach Art und Rasse sind längere oder kürzere Spaziergänge erforderlich. Beobachten Sie Ihren Hund genau; so finden Sie schnell das richtige Maß.

Mit einem Welpen sollten Sie nach jeder Mahlzeit kurz hinausgehen, damit er sich lösen kann, bevor er seine Ruhepausen einhält.

Für einen erwachsenen Hund ist es auf Dauer interessanter, wenn Sie mit ihm nicht immer den gleichen Weg gehen. Variieren Sie und wählen Sie für einen kurzen Spaziergang eine andere Route als für einen langen.

Wenn er die notwendige Bewegung außer Haus hat, kann sich auch ein großer Hund in einer kleinen Wohnung ohne Frage sehr wohlfühlen. Das heißt aber, daß Sie mindestens 3 Stunden pro Tag mit ihm spazierengehen müssen.

Die richtige Ernährung

»Liebe geht durch den Magen.« Das gilt auch bei Hunden. Und ein Speisezettel, auf dem jeden Tag das gleiche steht, ödet mit der Zeit auch Ihren Hund an.

Um Ihrem Hund das Fressen zu einem erfreulichen Ereignis zu gestalten, sollten Sie ihn artgerecht und abwechslungsreich ernähren. Aus der Werbung irren nun alle möglichen Dosen- und Trockenfutternamen durch Ihren Kopf. Für Sie stellt sich die Frage: »Was ist das richtige Futter für meinen Hund?«

Welches Futter?

Dafür gibt es kein Patentrezept. Sie müssen sich als erstes überlegen, ob Sie das Futter selbst kochen wollen oder ob Sie auf Fertignahrung zurückgreifen. Wenn Sie nicht viel Zeit haben, ist letzteres die einzige Lösung für Sie.

Achten Sie bei Dosenfutter darauf, daß der Fleischanteil ausreichend hoch ist. Der Hund ist kein Vegetarier. Zudem sollten keine oder nur so wenig chemische Substanzen wie möglich enthalten sein. Dazu zählen Konservierungs-, Farb- und Lockstoffe. Manche Hunde können darauf mit Allergien reagieren. Auf die Dauer kann auch der Stoffwechsel belastet werden.

Sollten Sie Hund und Katze zusammen halten, so achten Sie darauf, daß jeder sein eigenes Futter bekommt. Nicht selten reagieren Hunde auf Katzendosenfutter allergisch, da der Eiweißgehalt nicht stimmt.

Bei einer ausschließlichen Ernährung mit Trockenfutter muß der Hund ausreichend zu trinken be-

Futter selbstgemacht

rohes Fleisch
✓ vom Rind, wie Pansen, Blättermagen, Herz, Kronfleisch
✓ vom Kalb, Lamm

gekochtes Fleisch
✓ vom Geflügel (sorgfältig entbeint)
✓ vom Wild

gekochtes Fischfilet
✓ wie Seebarsch, Kabeljau, Schellfisch (entgrätet)

zerkleinertes, gekochtes Gemüse
✓ Fenchel, Chicoree, Spinat, Möhren, Zucchini

Kräuter
✓ Petersilie, Kerbel, Kümmel, Salbei, etwas Knoblauch

kommen, um einem Nierenschaden vorzubeugen. Auch hier sollten Sie darauf achten, daß Sie eine Sorte wählen, die frei von Zusatzstoffen ist oder nur ganz geringe Mengen enthält.

Die artgerechte Nahrung selbst zubereitet

Wenn Sie Zeit und Lust zum Selberkochen haben, wird es Ihr Hund Ihnen sicher danken, denn er wird es als eine Form der Zuwendung erkennen.

Die beste und nahrhafteste Ernährung des Hundes besteht aus rohem Fleisch. Voraussetzung hierfür ist, daß das Fleisch für den menschlichen Verzehr freigegeben ist und vor der Fütterung eingefroren war! Dadurch verhindern Sie, daß sich Ihr Hund mit Würmern infiziert.

Klein, aber schon sehr selbstbewußt verteidigt er seinen Knochen!

Was Sie Ihrem Hund geben können, ersehen Sie aus nebenstehender Checkliste (links).

Als <u>Zutaten</u> können Sie außerdem Naturreis, der lange genug gekocht ist, Haferflocken, Nudeln, Hüttenkäse oder Distelöl reichen.

Eine falsche, unausgewogene Ernährung bewirkt fast immer Stoffwechselstörungen, die sich beim Hund dann durch Haut- oder Fellveränderungen bemerkbar machen und auch beim Kotabsatz Probleme hervorrufen.

Wichtig: <u>Schweinefleisch</u> sollten Sie generell wegen der in der Regel tödlich verlaufenden Aujeszkyerkrankung <u>auf keinen Fall geben</u>!

Vermeiden Sie	wegen
zuviel Knochen	Verstopfung, Darmverschluß (Lebensgefahr)
Wild- und Geflügelknochen	Verletzungsgefahr im Schlund
Essensreste, gewürzte Speisen	Nierenschädigung
Milch	Durchfall
Hülsenfrüchte	Blähungen, schwer verdaulich, wenig Nährwert
Süßigkeiten	Verdauungsstörungen
Zwischendurch-Happen	erzieht zum Betteln

Futterzeiten und Futtermenge

Die wichtigste Voraussetzung ist Regelmäßigkeit.
Deshalb sollten Sie Ihren Hund daran gewöhnen,
daß es jeden Tag zur gleichen Zeit und am gleichen Platz etwas zum Fressen gibt. Dies vermittelt
dem Tier ein gewisses Vertrauen zu Ihnen und verhindert das ständige »Auf-Futter-warten«.
Die Menge des Futters richtet sich nach der Größe
und nach dem Temperament des Hundes: Ein
ruhiges, phlegmatisches Tier benötigt weniger, ein
lebhafter, vielleicht sportlich geforderter Hund
mehr Nahrung.
Bieten Sie Ihrem Hund einen Napf voll Futter an;
wenn er nicht auffrißt, war die Menge zu groß.
Beim nächsten Mal können Sie weniger geben.
Schleckt er andererseits seine Schüssel gierig aus
und würde noch mehr fressen, können Sie an der
Konstitution feststellen, ob er nur gefräßig ist oder
ob er wirklich zu wenig Nahrung bekommt: Tasten
Sie dazu den Körper des Tieres ab; der Hund ist
ausreichend ernährt, wenn Sie seine Rippen
»spüren«, aber nicht »zählen« können. Letzteres
wäre ein Hinweis, daß die Futtermengen zu gering
bemessen sind.
Wenn trotz allem ein Rest übrigbleibt, sollten Sie
diesen vernichten, da sich möglicherweise Bakterien bilden. Diese könnten den Darm schädigen,
wenn das Tier das restliche Futter zu einem späteren Zeitpunkt frißt.

Die Ernährung des jungen Hundes

In der Regel bekommen Sie Ihren Hund im Alter
von 12 Wochen mit nach Hause. Haben Sie sich
entschlossen, jeden Tag sein Menü selbst zu kochen, müssen Sie sich erkundigen, wie er bisher
ernährt wurde, mit Fertig- oder Frischfutter. Wenn
ersteres der Fall war, müssen Sie Ihren Hund langsam an die Nahrung gewöhnen, die er in Zukunft
erhält. Das langsame Umstellen ist wichtig, weil
der noch in Entwicklung befindliche Verdauungs-
trakt des jungen Hundes auf eine abrupte Fut-
teränderung mit Durchfall reagieren kann. Dadurch könnte bei Ihnen der Eindruck entstehen,
daß das Tier Ihr Frischfutter nicht verträgt.
Grundsätzlich bekommt der junge Hund in der Zu-
sammensetzung das gleiche Futter wie ein er-
wachsener Hund, nur das Mischungsverhältnis
und die Menge sind unterschiedlich (→Tabelle).
Zusätzlich sollten Sie dem Welpen täglich 1 Mes-
serspitze Knochenmehl und Welpisal (dosiert nach
Körpergewicht) geben; Sie unterstützen damit die

Die richtige Futtermenge schützt vor Übergewicht.

Hundefutter (Tagesbedarf)		
Alter in Monaten	**wie oft pro Tag**	**Verhältnis Fleisch : Zutaten**
3. – 5.	4 x	$^2/_3 : {^1/_3}$
5. – 12.	3 x	$^2/_3 : {^1/_3}$
ab dem 12.	2 x	$^1/_2 : {^1/_2}$
im Alter/ bei Krankheit	3 x	$^1/_3 : {^2/_3}$

Aufbauphase des kleinen Organismus. Als <u>Konstitutions-Stütze</u> empfiehlt sich die Gabe eines homöopathischen Einzelmittels in einer Hochpotenz, je nach Konstitution des Tieres: Ist Ihr Hund ein eher schlanker, zierlicher Typ, dann geben Sie ihm Calcium phosphoricum, ist er ein kräftiger, robuster Typ, dann Calcium carbonicum. Zur Kräftigung können beide Typen auch Calcium fluoratum bekommen. Hierbei handelt es sich um eine einmalige Gabe und keine Dauertherapie, da der Hund ja nicht krank ist. Fragen Sie den Therapeuten nach Dosis und Menge, die je nach Tier individuell ist.

Ob der Turnschuh wohl schmeckt?

Die Ernährung des kranken Hundes

Ein kranker Hund benötigt zur Unterstützung des Heilungsprozesses je nach Erkrankung eine spezielle <u>Diät</u> (→Seite 110).

Flüssigkeitsaufnahme

Das Trinken ist für den Hund wichtiger als das Fressen, da dadurch die Nierentätigkeit angeregt wird, die ja mit der Entgiftung des Organismus betraut ist. Das Tier kann ohne weiteres ein paar Tage ohne Futter auskommen – aber nicht ohne Wasser! Trinkt es generell wenig, so gestalten Sie das Futter suppiger, damit es auf diese Weise genügend Flüssigkeit zu sich nimmt.
Bieten Sie dem Hund immer <u>frisches Trinkwasser</u> an. Auf Milch kann er mit Durchfall reagieren.

Wichtig: Achten Sie darauf, daß Trinkwasserreste nicht zu lange im Wassernapf stehen bleiben, da sich Bakterien ansiedeln können; diese Gefahr besteht besonders in den warmen Sommermonaten.

Die <u>Trinkwassermenge</u> richtet sich nach den Bedürfnissen des Hundes:
Ein kleiner Hund benötigt weniger als ein großer; ein Hund, der überwiegend mit Trockenfutter ernährt wird, hat einen größeren Flüssigkeitsbedarf als einer, der mit Feuchtfutter (Frischnahrung oder Dosenfutter) ernährt wird.
Am einfachsten ist es, wenn Sie Ihren Hund daran gewöhnen, daß er nach jedem Spaziergang und nach jeder Mahlzeit einen gefüllten Wassernapf vorgestellt bekommt. Wenn er nicht austrinkt, schütten Sie den Rest weg, denn er zeigt Ihnen dadurch, daß er im Moment genügend Flüssigkeit aufgenommen hat.

Naturheilverfahren im Überblick

Naturheilkunde ist der Oberbegriff für alle Heilverfahren, die einem Lebewesen auf natürliche Weise helfen, seine Gesundheit zu erhalten und die körpereigene Abwehr zur Selbstheilung anzuregen. Dazu gehören auch diejenigen Heilverfahren, die blockierte Systeme (psychisch wie organisch) wieder öffnen, um sie für natürliche Heilanstöße (→Seite 122) zugänglich zu machen, sowie solche, die veränderte Organzellverbände wieder regenerieren helfen.

Die Tierheilkunde macht sich am Menschen ergründete Heilergebnisse zunutze – in diesem Fall geht es also einmal umgekehrt: Statt Tierversuche, die den Menschen mehr oder weniger zugute kommen, werden Heilmittel auf die Tiere umgesetzt, deren Heilerfolge bereits am Menschen bekannt sind.

Während der Ausbildung wird der Tierheiltherapeut primär in Diagnostik und sinnvollem Einsatz der Naturheilverfahren geschult. Dazu gehört auch, daß er erkennen muß, ob das zu behandelnde Tier überhaupt die Bereitschaft mitbringt, sich zur Selbstheilung anregen zu lassen. Für eine erfolgreiche Behandlung ist diese Bereitschaft wesentlich. Darüber hinaus lernt er die Vielfalt an Therapiemöglichkeiten kennen, die die Naturheilkunde bietet. In der Praxis wird er sich allerdings auf einige spezielle Heilverfahren konzentrieren und selten die ganze Palette anbieten.

Im folgenden werden diejenigen Naturheilverfahren kurz charakterisiert, die in diesem Ratgeber zur Anwendung empfohlen werden.

Die Homöopathie

Die Homöopathie spielt in der Naturheilkunde sicherlich die wichtigste Rolle, um Funktionsstörungen im Körper auf natürliche Weise anzugehen. Ihr Begründer Samuel Hahnemann (1755–1843) erkannte, daß eine in konzentrierter Form eingenommene Substanz in einem gesunden Körper bestimmte Krankheitssymptome hervorruft – dasselbe Mittel jedoch in potenzierter Form (→Seite 123) exakt diese Symptome heilen kann.

Ein Beispiel soll dies verdeutlichen. Der Stich einer Biene ruft ein bestimmtes »Krankheitsbild« hervor – gibt man nun homöopathisiertes Bienengift (= Apis) als Heilmittel, so wird es exakt diese Symptome heilen. Nach diesem Ähnlichkeits-Prinzip hatte Hahnemann viele Menschen geheilt.

Zur Anwendung kommen Mineralien, Pflanzen, Tiere, Gifte, Metalle oder Mineralsäuren. Sie erhalten diese Heilmittel in der Apotheke in Form von Tabletten/Dragees, Pulver, Tropfen, Ampullen oder als Streukügelchen, auch Globuli genannt.

Die Ampullen haben folgende Vorteile:

● Sie sind nicht mit Alkohol versetzt und geschmacksneutral, das ist sehr angenehm bei empfindlichen Tieren mit Entzündungen im Fang.

● Sie müssen nur einmal täglich gegeben werden.

● Der Potenzakkord (→Seite 116) in den meisten Einzelmittel-Ampullen gewährleistet ein größeres Wirkungsspektrum im Organismus und bedingt außerdem keine Erstverschlimmerung (→Seite 122).

Die Heilmittel kommen in homöopathischer Verdünnung zum Einsatz. Hahnemann hatte festgestellt, daß sich die positive Wirkung auf den Organismus in dem Maße steigerte, wie das Heilmittel verdünnt wurde. Um diese Steigerung zum Ausdruck zu bringen, wählte er dafür nicht den Begriff »Verdünnung«, sondern »Potenzierung«.

Wie anfangs erwähnt, bewirkt ein Einzelmittel, einem gesunden Menschen verabreicht, ein bestimmtes Krankheitsbild mit verschiedenen Symptomen, gegen das dieses Mittel dann auch

Mit homöopathischen Konstitutionsmitteln kann man die körperliche Entwicklung des Welpen unterstützen.

eingesetzt wird. Die gesamte Symptomenreihe, die ein Mittel hervorruft, heißt <u>Arzneimittelbild</u>. Der Therapeut muß nun das Arzneimittelbild eines Einzelmittels mit dem spezifischen Krankheitsbild seines Patienten vergleichen, um zum individuell passenden Heilmittel zu kommen.

Die Bach-Blütentherapie

Mit Hilfe der Bach-Blütentherapie kann man bei Mensch und Tier disharmonische Seelen- oder Charakterzustände regulieren. Diese Therapieform wurde vor ungefähr 70 Jahren von <u>Dr. Edward Bach</u> für den Menschen begründet, heute wird sie auch auf Tiere angewandt. Nach Dr. Bach stellt eine Krankheit die Harmonie zwischen Körper und

Seele wieder her. Diese seelische Harmonie finden Hunde in menschlicher Gesellschaft kaum, denn sie müssen sich meist dem Willen des Menschen beugen. Wie beim Menschen kann auch bei Tieren eine negative psychische Grundstimmung eine organische Genesung verhindern oder eine organische Erkrankung erst bedingen oder fördern.

Die Bach-Blüten wirken <u>positiv-regulierend auf den negativen Seelen- oder Charakterzustand</u> des Tieres. Da bei den Hunden Krankheiten selten im Anfangsstadium erkannt werden, kann man mit der Bach-Blütentherapie allein sicherlich keine organische Heilung erwirken; sie ist aber eine große Hilfestellung, damit sich körperliche Erkrankungen nicht in den seelisch-psychischen Bereich fortsetzen. Am Ende eines Hundelebens helfen die Bach-

Blüten auch, den letzten Gang zum Tierarzt zu vermeiden (→Seite 98).

Die Bach-Blüten bilden ein in sich abgeschlossenes Heilsystem aus 38 verschiedenen heilkräftigen Blüten, die Dr. Bach 38 Seelenzuständen zuordnete, und den »Rescue-Tropfen«, einem Konzentrat-Komplex aus mehreren Mitteln. Durch eine spezielle Methode werden die in der Pflanze konzentrierten positiven Schwingungen auf Quellwasser übertragen. Das Wasser wird dann mit Alkohol oder Essig konserviert und in Vorratsflaschen aufbewahrt. Bach-Blüten sind über Apotheken frei verkäuflich. Sie sind in 10-ml-Fläschchen, den sogenannten Stockbottles, die Rescue-Tropfen auch in 20-ml-Fläschchen erhältlich.

Das Bach-Blütenkonzentrat müssen Sie vor der Verabreichung erst mit stillem Wasser ohne Kohlensäure verdünnen. Sind bei der Selbstbehandlung mehrere Bach-Blüten zusammen angegeben, müssen Sie diese mischen. In der Apotheke sind auch Blütenmischungen erhältlich, sowohl in Wasser als auch in Alkohol.

Bach–Blüten helfen, das psychische Gleichgewicht von verhaltensauffälligen Hunden wieder herzustellen.

Geben Sie vom Konzentrat auf

10 ml stilles Wasser	pro Blüte 2 Tropfen
20 ml stilles Wasser	pro Blüte 4 Tropfen
30 ml stilles Wasser	pro Blüte 6 Tropfen
50 ml stilles Wasser	pro Blüte 8 Tropfen

Bis zu einer Menge von 50 ml ist eine Konservierung nicht nötig, da die Bach-Blütenkonzentrate selbst mit Alkohol versetzt sind und die Mischung bei regelmäßiger Gabe bis zuletzt haltbar ist.

Besonderheit:

Die Rescue-Tropfen sind nur für Notfälle oder besondere Situationen gedacht und nicht für eine Dauertherapie. Deshalb reicht in der Regel eine 10-ml-Mischung aus (auf 10 ml stilles Wasser 5 Tropfen des Konzentrats).

Die Nosodentherapie

Bei der Nosodentherapie kommen Substanzen aus dem eigenen Körper zum Einsatz, wie Urin, Blut und Sekrete (auch die Eigenblut-Behandlung gehört hierher). Das Prinzip, das hier zugrunde liegt, ist, »Gleiches mit Gleichem« zu heilen.

Die Nosodentherapie stellt die intensivste Form der Anregung der körpereigenen Abwehr dar. Häufig sind Stoffwechselstörungen überlagert, daß man das Grundleiden nicht mehr feststellen kann. Mit Hilfe der Nosoden ist es möglich, einen chronischen Krankheitsprozeß in ein akutes Stadium zurückzuverwandeln und dann mittels anderer Naturheilmittel zu behandeln.

Der Einsatz von Nosoden ruft aber immer eine Erstverschlimmerung (→Seite 122) der Symptome hervor. Dies kann man umgehen, indem man sich

der »Fremd-Nosoden« bedient, die nicht aus körpereigenem Material bestehen, sondern von fremden Tieren mit der entsprechenden Krankheit gewonnen wurden. Diese Substanzen werden dann homöopathisch potenziert (→Seite 122) und meist in Form von Tropfen oder Trinkampullen verabreicht. Durch den Potenzierungsvorgang entfällt bei den Fremd-Nosoden die Erstverschlimmerung. Das ist bei Tieren wichtig, denn ihnen kann man nicht erklären, daß eine Erkrankung erst einmal schlimmer wird, bevor sie geheilt werden kann. Die Therapie mit Fremd-Nosoden hat zusätzlich den einzigartigen Effekt, Toxine (→Seite 123) spezifisch aus dem Körper auszuleiten und somit den körpereigenen Entgiftungsmechanismus über Leber, Niere, Darm und Haut optimal zu entlasten.

Die Zytoplasmatische Therapie

Mit Hilfe der Zytoplasmatischen Therapie kann man kranke Bereiche des Organismus regenerieren. Im Gegensatz zur herkömmlichen Frischzellen-Therapie kommt es dabei zu keinen Nebenwirkungen wie allergischen Reaktionen, Schmerzen nach der Injektion, Temperaturerhöhung bis hin zur Apathie. Sie erfordert auch keinerlei zusätzliche Maßnahmen wie absolute Ruhigstellung, die beim Hund kaum gewährleistet werden kann. Hierfür werden Frischzellen verwendet, aus denen alles an Zellballast herausgefiltert ist bis auf die Zellsubstanzen, die der Organismus effektiv für den Regenerationsprozeß benötigt.

Die Laser–Akupunktur

Sie basiert auf einer alten chinesischen Philosophie. Danach gibt es im Körper die gegensätzlichen Pole Yin und Yang, die nur dann »Gesundheit« darstellen, wenn sie beide im Gleichgewicht sind. Durch die Stimulation der einzelnen Akupunkturpunkte auf den Meridianen (→Seite 123) können Blockaden der Energieströme des Körpers zwischen Yin und Yang aufgelöst werden.
Ursprünglich wurden zur Akupunktur Nadeln in diese Punkte gestochen, die ungefähr 15 bis 20 Minuten im Körper verbleiben sollten. Heute findet der Infrarot-Laser Einsatz; dadurch ist die Laser-Akupunktur völlig schmerzfrei. Auch dauert die Stimulierung durch Laser nicht so lange wie bei der legendären Nadelung. Da selten nur ein Akupunkturpunkt zu behandeln ist, bedeutet die Laser-Akupunktur einen Gewinn sowohl für Hund, Tierhalter als auch für den Therapeuten.

Die Akupressur

Die Akupressur stellt eine vereinfachte Form der Akupunktur dar. Mittels Fingerdruck wird eine bestimmte Stelle auf dem Körper des Tieres stimuliert. Es sind die gleichen Stellen, die bei der Akupunktur mit Nadeln oder einem Laserstrahl behandelt werden. Dadurch erfährt dieser Punkt einen bestimmten Reiz, der allerdings nicht so stark sein kann, wie wenn er durch den Laser oder die Nadel erfolgen würde.

Die Akupressur ist eine gute Möglichkeit für den Tierhalter, die Behandlung des Therapeuten zu Hause zu unterstützen. Die jeweils notwendigen Punkte zeigt Ihnen der Therapeut.

Die Farbtherapie

Verschiedene organische Erkrankungen lassen sich durch die Einwirkung von Farben günstig beeinflussen. In der Regel werden hierzu Farbstrahler mit 40-Watt-Birnen verwendet, die in angemessenem Abstand vom Tier angebracht werden. Es geht dabei nicht um die Wärme, die die Lampen auf den Körper abstrahlen, sondern regelrecht um die Farbe an sich, die der Organismus als Heilanstoß (→Seite 122) aufnimmt.

Diese Maßnahme eignet sich als Begleittherapie, die Sie sehr gut zu Hause durchführen können. Welche Farben bei welcher Erkrankung genau angezeigt sind, sagt Ihnen der Therapeut. Generell kann man feststellen, daß mit Grün- und Blaulicht Überfunktionen angegangen werden, bei Unterfunktion wird Gelb- und Rotlicht eingesetzt, bei Nervenerkrankungen Violettlicht. Die Farben können auch im Wechselverfahren eingesetzt werden. Oft kann man auch beobachten, daß sich die Tiere die Farbe, die ihnen angenehm ist, selbst aussuchen, eine andere Farbe aber, die ihnen nicht gut tut, meiden.

Zur Durchführung: Wählen Sie den Abstand zum Tier so, daß es im Farblicht liegt, aber die Wärme des Strahlers nicht spürt. Am besten können Sie das prüfen, wenn Sie eine Hand auf das Tier legen und dann den Abstand zwischen Ihrer Hand und dem Strahler so lange vergrößern, bis Sie selbst die Wärme nicht mehr unangenehm wahrnehmen. Bestrahlen Sie Ihren Hund ein- bis zweimal täglich je 5 bis 10 Minuten.

Warum Komplexmittel?

In der Klassischen Homöopathie (→Seite 18) werden zur Behandlung von Krankheiten sogenannte Einzelmittel (→Seite 122) verabreicht. Dies setzt voraus, daß sich der Anwender intensiv mit dieser Therapieform auseinandersetzen muß. Er muß exakte Kenntnisse haben über den Einsatz und die Wirkung der Einzelmittel, damit er diese auch sinnvoll und nutzbringend anwenden kann. Und diese Erfahrung erlangt man nur nach einem längeren Studium.

Zusätzlich ist es wichtig zu wissen, daß Einzelmittel mit zu niedrigen Potenzen (das bedeutet, geringe Verdünnung, etwa D2 bis D6) eine Erstverschlimmerung (→Seite 122) der Symptome hervorrufen können, deren Behandlung für den Laien zu kompliziert ist, da meist das Wissen über die Wirkungsweise der einzelnen Homöopathika fehlt. Dieser Ratgeber soll Ihnen jedoch eine sinnvolle schnelle Selbst-Hilfe bieten. Aus diesem Grund werden bei den Selbstmaßnahmen keine Einzelmittel, sondern homöopathische Komplex- oder Kombinationsmittel vorgeschlagen, die sich in der Naturheilpraxis bewährt haben.

Was sind Komplexmittel?

Komplexmittel bestehen aus mehreren Einzelmitteln, die beim gleichen Krankheitsbild zum Einsatz kämen. Sie erzielen bei bestimmten Symptomen einen schnelleren Heilerfolg, weil die Wirkungsweise ein größeres Spektrum im Organismus erfaßt. Dies bedeutet für das Beispiel Durchfall: Dieses Krankheitsbild äußert sich durch unterschiedlich beschaffenen und gefärbten Kot. Und für jede Konsistenz und Farbe gibt es ein spezielles Einzelmittel; diese sammeln sich mit der Zeit bei Ihnen an. Außerdem ist es Ihnen in manchen Situationen nicht möglich, den Kot Ihres Hundes zu kontrollieren, etwa wenn sich das Tier hinter einem Busch gelöst hat; welches Einzelmittel dann? In solchen

Altersbedingte Krankheiten kann der Tierhalter mit Hilfe der Naturheilmittel lindern.

Fällen sind Komplexmittel sinnvoll, denn sie helfen in der Regel bei jeder Art von Durchfall.

Und was hier am Beispiel Durchfall erläutert wurde, gilt natürlich für alle Krankheitsbilder.

Mit Hilfe der Komplexmittel wird allerdings nur das Symptom behandelt, nicht die zugrundeliegende Ursache. Wenn die Symptome – trotz Ihrer Gabe von Naturheilmitteln – unverändert weiterbestehen, muß das Tier unbedingt von einem Tierheiltherapeuten begutachtet werden, um die Ursachen abzuklären. Ihm obliegt es dann, die homöopathischen Einzelmittel in der für das Tier nun angezeigten Einzelpotenz einzusetzen.

Wenn in diesem Buch bei manchen Krankheitsbildern trotzdem homöopathische Einzelmittel angegeben sind, dann sind das – zu Ihrem Schutz – sogenannte Injeele. In diesen Ampullen-Präparaten, die als Trinkampulle über die Maulschleimhaut verabreicht werden, befinden sich Einzelmittel in sogenannten Potenzakkorden (→Seite 116), die keine Erstverschlimmerung hervorrufen und deshalb ohne Vorbehalte eingesetzt werden dürfen.

Eine schnelle Selbst-Hilfe setzt auch voraus, daß Sie das angegebene Heilmittel schnell in einer Apotheke bekommen können. Doch der Bezug von Einzelmitteln kann mehrere Tage dauern, weil sie die Apotheke über Großhändler besorgen muß, wenn sie entweder generell oder in der genannten Potenz nicht vorhanden sind.

Bitte verlassen Sie sich bei der Ergründung und Behandlung der Ursachen auf den Therapeuten. Er ist naturheilkundlich geschult und hat den richtigen Einsatz und die Wirkung der Einzelmittel in den verschiedenen Potenzen gelernt.

Besuch beim Therapeuten

Auf den ersten Besuch bei einem Tierheiltherapeuten können Sie sich vorbereiten. Dazu dienen die Fragen auf der Checkliste auf dieser Seite, die Sie schon zu Hause beantworten und kurz schriftlich festhalten sollten, damit sie dann in der Praxis präsent sind. Von Bedeutung sind nicht nur die derzeitigen Beschwerden, sondern auch das Umfeld, die Haltung, Ernährung sowie die psychische Situation, in der sich der Hund gerade befindet. Die gesamte Krankenvorgeschichte ist ebenso von Belang, da sie Hinweise enthalten kann auf eventuell noch im Körper befindliche Stoffwechselstörungen oder unterschwellig aktive Krankheitserreger, etwa einer durchgemachten Infektionskrankheit.

Der erste Besuch beim Tierheiltherapeuten

Der erste Besuch – das Vorgespräch – stellt den wichtigsten Baustein dar, um eine Vertrauensbasis zwischen Hund, Tierhalter und Therapeut zu schaffen. Einerseits muß der Tierhalter die Behandlung des Therapeuten verstehen, andererseits muß sich der Therapeut darauf verlassen können, daß die von ihm festgesetzten Hilfsmaßnahmen für den Hund auch so angewandt werden, wie er es als sinnvoll erachtet. Zu guter Letzt muß auch das Tier spüren, daß der Therapeut ihm wohlgesonnen ist. Während des Vorgesprächs (Dauer ca. 20–30 Min.) kann sich der Hund frei bewegen und verliert dadurch leichter die Scheu vor der fremden Umgebung.

Die Maßnahmen des Tierheiltherapeuten beim ersten Besuch

Nach dem Vorgespräch mit dem Therapeuten folgt die körperliche Untersuchung. Sie vermittelt einen Eindruck, welche Symptomatik das Tier mitbringt und worauf diese hinweisen kann. Als sehr effektives Hilfsmittel, um Einblicke in das Innerste der Tiere zu bekommen, hat sich in den letzten Jahren die Bioresonanzanalyse bei der Diagnose erwiesen. Sie basiert auf dem Grundsatz, daß sich jede materiell-manifestierte (→Seite 123), organische Krankheit im Schwingungsbereich (→Seite 123) des Körpers zu entwickeln beginnt. Diesen Schwingungsbereich kann der

Laser-Akupunktur – für den Vierbeiner schmerzlos.

Fragen vor dem ersten Besuch

✓ Haben Sie den Hund von einem Züchter, von privat oder aus dem Tierheim übernommen?

✓ Wann war die letzte Wurmkur, letzte Impfung? Verträgt er beide unproblematisch?

✓ Welche Krankheiten oder Operationen hat er schon gehabt?

✓ Gibt es bereits schulmedizinische Diagnosen, die es mit zu beachten gilt?

✓ Wurde der Hund schon vorbehandelt? Wenn ja, wie?

Vom häuslichen Umfeld interessiert den Tierheiltherapeuten:

✓ Wie wird das Tier gehalten?

✓ Was bekommt es zu fressen?

✓ Gab es kurz vor Ausbruch der akuten Erkrankung Veränderungen im Umfeld des Tieres?

✓ Wie sehen seine Ausscheidungen aus (Kot, Urin, Erbrochenes)?

✓ Gibt es Besonderheiten, Auffälligkeiten oder akute Veränderungen im Charakter oder Verhalten des Tieres?

✓ Wann fühlt sich der Hund am wohlsten (Wärme, Kälte), was mag er nicht?

Welche Maßnahmen nach der »Diagnose-Erstellung«?

Wenn die Ursache einer Krankheit erkannt ist, wird der Therapeut entscheiden, ob Naturheilverfahren überhaupt in diesem speziellen Fall zum Einsatz kommen können oder nicht.

Haben sie einen Sinn, bekommen Sie einen übersichtlichen und gut verständlichen Therapieplan. Wenn nötig, werden Sie in die Techniken einzelner Therapieverfahren eingewiesen, mit denen Sie zu Hause die Behandlung bei Ihrem Hund unterstützen können.

Wie finden Sie einen Tierheiltherapeuten?

Die Berufsbezeichnung »Tierheilpraktiker« ist leider noch nicht geschützt. Deshalb kann sich jeder so nennen und auch eine Praxis aufmachen, der gar nicht ausgebildet ist, sondern sein Wissen lediglich aus Büchern bezieht.

Wenn Sie sich absichern wollen, wenden Sie sich am besten an einen der Tierheilpraktiker-Verbände, die Tierheilpraktiker ausbilden (Adressen, →Seite 128). Dort erhalten Sie eine Liste aller ausgebildeten Tierheiltherapeuten, die dem Verband angeschlossen sind.

Nicht ausgebildete Autodidakten erhalten keinen Zutritt zu einem der Verbände.

Therapeut mit Hilfe der Bioresonanzanalyse auf eventuell sich entwickelnde oder bereits vorliegende Krankheiten absuchen; Abweichungen sagen ihm, welche Krankheit sich anbahnt. Dadurch ist er in der Lage, generell Krankheitsvorsorge zu treffen und auch Krankheitssymptome bereits zu einer Zeit einer Ursache zuzuordnen, wo sie zum Teil für die Schulmedizin noch nicht zu erfassen sind.

Die Bioresonanzanalyse wird an einem Fellbüschel oder einem kleinen Blutstropfen durchgeführt. Gleichzeitig können auf diese Weise auch die für das Tier in diesem Moment notwendigen Naturheilmittel ausgetestet werden.

Symptome	Mögliche Ursachen, bei denen Sie selbst helfen können	Alarmzeichen, wenn diese Symptome hinzukommen
Atemnot	Fremdkörper im vorderen Rachenraum	1) Atemnot als Folge eines Unfalls 2) Hüsteln, Kropf 3) Husten, hohes Fieber, Apathie 4) Husten, schnell müde, bläulich verfärbte Schleimhäute
Husten	Hund hat sich verschluckt; Halsband sitzt zu fest	1) Juckreiz, tränende Augen, Nasenausfluß 2) Fieber, Atembeschwerden, Apathi 3) Schluckbeschwerden 4) Kurzatmigkeit, bläulich verfärbte Schleimhäute
Juckreiz am Auge **Juckreiz am Ohr**	1) am Auge: Gerstenkorn, Hagelkorn, →Seite 35 2) am Ohr: Ohrrandekzem, →Seite 37	1) tränende, morgens verklebte Augen 2) hält Kopf schief
Juckreiz im Fell	Schuppen, →Seite 73 Parasiten, →Seite 82 Fehlernährung	1) Ekzeme über ganzen Körper, Schwellung, Rötung, Nasenausflu Husten 2) Ekzeme, Haarausfall, glanzloses F einseitige Ohrentzündung
Taumeln, Schwanken	ist normal nach dem Aufstehen oder beim Kopfschütteln	1) blasse Maulschleimhäute, verlang samter Puls 2) nach Insektenstich 3) Speicheln, Erbrechen, Apathie 4) unkontrolliertes Im-Kreis-laufen, apathisch in eine Ecke starren
Lecken	verschmutztes Fell; kleine Verletzung	1) Lecken an den Geschlechtsteilen 2) Beknabbern bis zu offenen Ekzemen 3) Beknabbern bis zur Selbstverstümmelung
Speicheln	übererregt, weil läufige Hündin in der Nähe ist; beim Autofahren, →Seite 52 Zahnungsprobleme, →Seite 48 Sodbrennen, →Seite 30	1) Erbrechen und Durchfall (ggf. blu Apathie 2) Taumeln, schwankender Gang 3) Muskelkrämpfe, hat Durst, kann a nicht trinken 4) Maulgestank, Schluckbeschwerde

Mögliche Diagnose	Krankheitsbeschreibung und Behandlung
1) Zwerchfellriß **sofort zum Tierarzt!**	
2) vergrößerte Schilddrüse, Tumor **sofort zum Tierarzt!**	
3) Bronchitis, Lungenerkrankungen	3) →Seite 40,41
4) Herzerkrankungen **sofort zum Therapeuten!**	4) →Seite 43
1) Allergie	1) →Seite 74
2) Bronchitis, Lungenerkrankungen	2) →Seite 40,41
3) Mandelentzündung	3) →Seite 51
4) Herzerkrankungen **sofort zum Therapeuten!**	4) →Seite 43
1) Bindehautentzündung	1) →Seite 34
2) Ohrentzündung	2) →Seite 36
1)Allergie	1)→Seite 74
2)Lebererkrankungen, Nierenerkrankungen, Hormonstörungen	2)→Seite 55, 65
1)Kreislaufschwäche	1)→Seite 42
2)Allergie	2)→Seite 74
3)Vergiftung	3)→Seite 100
4)Gehirnerkrankungen **sofort zum Therapeuten!**	
1)gesteigerter Geschlechtstrieb	1)→Seite 66
2)Stoffwechselstörungen **sofort zum Therapeuten!**	
3)psychische Disharmonien	3)→Seite 94, 95, 96
1)Vergiftung	1)→Seite 100
2)Gehirnerkrankungen **sofort zum Therapeuten!**	
3)Infektionskrankheiten **sofort zum Tierarzt!**	
4)Zahnfleischentzündung, Mandelentzündung	4)→Seite 48/51

Symptome	Mögliche Ursachen, bei denen Sie selbst helfen können	Alarmzeichen, wenn diese Symptome hinzukommen
trinkt viel	Hund ist viel gelaufen oder hat gespielt; er hat viel Trockenfutter gefressen; heiße Witterung	1) obstartiger Geruch aus dem Fang 2) urinartiger Geruch aus dem Fang, müde, kein Appetit 3) Erbrechen, Fieber, kein Appetit, Apa 4) Untertemperatur, Scheidenausflu abgeschlagen
trinkt wenig	Nahrung ist sehr suppig	1) Speicheln, Husten 2) Speicheln, Krampfen
frißt viel	Hund hat viel herumgetobt; hatte vorher einen Fastentag; bekommt zu wenig Futter	1) ist trotzdem schlank, hektisch 2) ist eher schlank, obstartiger Geru aus dem Fang 3) nimmt trotzdem ab, Juckreiz am After, Erbrechen, Durchfall 4) nimmt trotzdem ab, trinkt viel
frißt wenig	Futter ungewohnt, zu heiß, zu kalt; Hund hat sich überfressen	1) Schluckbeschwerden, abgeschlage 2) trinkt viel, Fieber, Erbrechen, Schwierigkeiten beim Aufstehen 3) gestörter Allgemeinzustand, Scheidenausfluß, Untertemperatu 4) Ekel vor Futter, trockene Ekzeme r Juckreiz, stumpfes Fell 5) Speicheln, vermehrter Durst, Aufstoßen, belegte Zunge
Erbrechen	Hund hat Gras gefressen; beim Autofahren, →Seite 52	1) Juckreiz, Rötungen, Schwellunger tränende Augen, Nasenausfluß 2) Durchfall, kein Appetit, viel Durst 3) glasig-schleimiger Kot am Fieberthermometer, Kotabsatzprobleme kein Appetit 4) Unruhe, Würgen nach Futteraufnahme, steifer Gang, Bauch aufgebläht 5) Speicheln, Taumeln, Apathie, auch blutige Ausscheidungen

Mögliche Diagnose	Krankheitsbeschreibung und Behandlung
1)Zuckerkrankheit	1)→Seite 85
2)Nierenerkrankung, Urämie **sofort zum Therapeuten!**	2)→Seite 64
3)Lebererkrankungen, Hepatitis **sofort zum Therapeuten!**	3)→Seite 55
4)Gebärmuttervereiterung **sofort zum Therapeuten!**	
1) Fremdkörper im Rachen **sofort zum Therapeuten!**	
2) Schlundlähmung, Tollwut **sofort zum Therapeuten!**	
1)Überfunktion von Hypophyse oder Schilddrüse **sofort zum Therapeuten!**	
2)Zuckerkrankheit	2)→Seite 85
3)Darmparasiten	3)→Seite 57
4)Bauchspeicheldrüsenerkrankung **sofort zum Therapeuten!**	
1)Mandelentzündung, Zahnfleischentzündung	1)→Seite 48, 51
2)Prostataentzündung	2)→Seite 71
3)Gebärmuttervereiterung **sofort zum Therapeuten!**	
4)Lebererkrankungen	4)→Seite 55
5)Gastritis	5)→Seite 54
1)Allergie	1)→Seite 74
2)Magen-Darmerkrankungen	2)→Seite 52–60
3)Darmverschluß **sofort zum Tierarzt oder in die Klinik!**	
4)Magendrehung **sofort zum Tierarzt oder in die Klinik!**	
5)Vergiftung	5)→Seite 100

Symptome	Mögliche Ursachen, bei denen Sie selbst helfen können	Alarmzeichen, wenn diese Symptome hinzukommen
Erbrechen mit Fieber	kann körpereigene »Entgiftungsmaßnahme« sein, um Bakterien abzutöten	1) Durchfall, abgeschlagen 2) schmerzhafter Harnabsatz, nässer Ekzeme, abgeschlagen 3) trinkt viel, kein Appetit, Apathie, Juckreiz, stumpfes Fell, trockene Ekzeme
Sodbrennen	Futter ist ausschließlich breiig oder zu stark zerkleinert	Speicheln, Ablecken des Teppichs, E brechen von angedauten Futterrest
vermehrter Harnabsatz	Hund hat viel getrunken	1) trinkt sehr viel, obstartiger Geruch aus dem Fang, Abmagern, Erbrech 2) trinkt extrem viel, Gewebe trockne aus 3) nässende Ekzeme, Fieber, abgeschlagen 4) Harnabsatz schmerzhaft, oft unte brochen oder mit Blut vermischt
Blähungen	ungewohntes, blähendes Futter; verdorbenes Futter; zu schnelle Futterumstellung	1) stinkende Blähungen mit Durchfa oder Verstopfung, hörbare Darmgeräusche (Kollern, Rumpeln) 2) wechselhafter Stuhl, »Gebetsstell (→Seite 114), grau-gelber Stuhl
Durchfall	Streß; ungewohntes Futter; zu schnelle Futterumstellung	1) im Wechsel mit Verstopfung 2) Juckreiz, Rötungen, Schwellunge Tränenfluß, Nasenausfluß
Durchfall mit Erbrechen	Streß; ungewohntes Futter	1) Fieber, abgeschlagen 2) kein Appetit, viel Durst, Aufstoßer 3) Speicheln, Apathie, auch blutige Ausscheidungen 4) urinartiger Geruch aus dem Fang, viel Durst, kein Harnabsatz, Apath

Mögliche Diagnose	Krankheitsbeschreibung und Behandlung
1) Parasiten	1) →Seite 57, 82
2) Nierenentzündung, Blasenentzündung	2) →Seite 64, 65
3) Leberererkrankungen	3) →Seite 55
Magenschleimhautentzündung	→Seite 54
1) Zuckerkrankheit	1) →Seite 85
2) Wasserharnruhr	2) →Seite85
3) Nierenentzündung	3) →Seite 65
4) Blasenentzündung, Blasensteine	4) →Seite 64
1) Darmerkrankung	1) →Seite 58–61
2) Bauchspeicheldrüsenerkrankung **sofort zum Therapeuten!**	
1) Bauchspeicheldrüsenerkrankung **sofort zum Therapeuten!**	
2) Allergie	2) →Seite 74
1) Parasiten	1) →Seite 57, 82
2) Gastritis, Magen-Darmerkrankungen	2) →Seite 52–60
3) Vergiftung	3) →Seite 100
4) Urämie **sofort zum Tierarzt oder in die Klinik!**	

Krank-
heiten selbst
behandeln

Trotz aller Bemühungen um eine gesunde Ernährung und den richtigen Umgang mit dem Hund – es ist passiert: Ihr
Hund ist krank.

In vielen Fällen werden Sie ihn anhand
der Beschreibung der Krankheitsbilder
auf den nächsten Seiten selbst kurieren
können. In manchen Situationen ist es
jedoch besser, einen Therapeuten aufzusuchen. Wenn dies der Fall ist, werden
Sie beim entsprechenden Krankheitsbild
darauf hingewiesen.

Bei nahezu jeder Erkrankung bewährt es
sich, den Heilungsprozeß, der durch das
Immunsystem und die Regenerations-
kräfte im Hund abläuft, durch die Gabe
von Heilmitteln anzuregen und zu unterstützen.

Erkrankungen an Kopf und Sinnesorganen

Seite 34–38

1

Erkrankungen der Atmungs- und Kreislauforgane

Seite 39–43

2

Erkrankungen des Verdauungsapparates

Seite 44–61

3

Erkrankungen der Harnwegs- und Geschlechtsorgane

Seite 62–72

4

Erkrankungen der Haut und Drüsen

Seite 73–86

5

Erkrankungen der Nerven und des Bewegungsapparates

Seite 87–93

6

Kranke Psyche

Seite 94–98

7

Notfälle

Seite 99–101

8

Erkrankungen an Kopf- und Sinnesorganen

Bindehautentzündung

Werden tränende Augen nicht behandelt, kann eine chronische Bindehautentzündung entstehen, die manchmal mit gelblich-eitrigem Ausfluß einhergeht. Dann bilden sich bräunlich-rote Tränenstraßen zwischen Augeninnenwinkel und Nase.

Krankheitsbild

Ein oder beide Augen tränen, die Bindehäute sind gerötet und angeschwollen. Die Augen können morgens verklebt sein. Der Tränenfluß ist meist klar, wäßrig, manchmal wundmachend, manchmal mild (= nicht ätzend). Der Hund meidet häufig das Licht. Die Augen können jucken.
Wenn nur das linke Auge gerötet ist und tränt, kann das auf eine Nierenerkrankung hinweisen.

Ursachen

Die häufigsten Ursachen für Bindehautentzündung sind Zugluft, Gersten- und Hagelkörner (→Seite 35) sowie Feigwarzen. Ebenso können die Augen nach einer Fahrt im klimatisierten Auto tränen oder wenn der Hund während der Fahrt zum Fenster hinausschaut.
Auch Fremdkörper wie Staub oder Schmutz, zu lange Wimpern sowie eine Haarbalgentzündung können die Bindehäute reizen.
Weitere Ursachen sind das erblich bedingte Einrollen des Augenlides nach innen, allergische Reaktionen, die Verwendung von alten Augenwässern zur Reinigung der Augen sowie eine erbliche oder rassespezifische Verengung oder ein Verschluß des Tränen-Nasenkanals.
Bei Pilzbefall ist häufig das Auge mit betroffen.
Bindehautentzündung kann Begleiterscheinung bei Infektionskrankheiten wie Staupe oder Leptospirose sein sowie bei Gelbsucht, Anämie und Erkältungskrankheiten und im Verlauf von Nieren- und Leberfunktionsstörungen auftreten.

Selbstmaßnahmen

Wichtig: Behandeln Sie auf keinen Fall eine Bindehautentzündung mit Kamille oder Borwasser, da die Bindehaut dadurch zusätzlich gereizt werden kann.

Bei einseitigem Ausfluß ziehen Sie das untere Augenlid vorsichtig etwas nach unten und suchen nach einer eventuell verklemmten Wimper oder einem Fremdkörper.

● **Naturheilmittel**
Tupfen Sie das Tränenauge vorsichtig mit verdünnter Calendula-Essenz ab und träufeln Sie Euphrasia-Augentropfen in jedes Auge (auch in das nicht befallene, da eine Entzündung durch Bakterien auch auf das andere Auge übergreifen kann).
Oral verabreichen Sie Keratisal-Tropfen.
Zur Dosierung →vordere Umschlagseite.

Wann zum Therapeuten?

Sie sollten auf jeden Fall zum Therapeuten gehen, wenn die Entzündung trotz Ihrer Therapie nach

3 Tagen noch nicht abgeklungen ist oder wenn das Augenweiß rötlich-gelb oder nur gelb schimmert.

Welche Therapiemaßnahmen beim Therapeuten?

Der Therapeut wird gezielt homöopathische Einzelmittel verabreichen. Die Nosodentherapie hilft beim spezifischen Ausleiten von krankheitsauslösenden Toxinen; des weiteren können Augentropfen aus der Zytoplasmatischen Therapie oder Tropfen, die gegen Pilzbefall helfen, zum Einsatz kommen.

Vor- und Nachsorge

Sorgen Sie dafür, daß Ihr Hund nicht unnötig Zugluft ausgesetzt ist.
Achten Sie auf das Verfallsdatum der Augen-Reinigungslösung.

Rasse-Dispositionen

Bindehautentzündung trifft man gehäuft bei Bernhardiner und Basset an.

Gerstenkorn, Hagelkorn

Dies sind Knötchenbildungen auf dem Lidrand, die – wenn sie unbehandelt bleiben – zu Hornhautverletzungen und sogar zur Erblindung führen können.

Krankheitsbild

Die Augen tränen, sind gereizt oder gerötet, da durch jeden Lidschlag ein »Reibeeffekt« auf das Auge ausgelöst wird.
Zusätzlich jucken die Augen.

Ursachen

Gersten- und Hagelkörner entstehen durch Verklebung, Entzündung oder Vereiterung der am Lidrand befindlichen Drüsen.

Selbstmaßnahmen

Lokal hilfreich sind Euphrasia-Augentropfen, von denen jeweils morgens und abends 1 Tropfen in jedes Auge geträufelt wird; sie brennen nicht!

Wichtig: Verwenden Sie bei der Reinigung der Augen auf keinen Fall Kamille oder Borwasser, da das Auge dadurch zusätzlich noch gereizt werden kann.

● **Naturheilmittel**
Geben Sie Ihrem Hund Staphisagria-Injeel-Trinkampullen. Hilft dies innerhalb von 14 Tagen nicht, so wechseln Sie zu Thuja-Injeel-Trinkampullen. Sind die Augen zusätzlich gerötet, verabreichen Sie Ihrem Hund Belladonna-Injeel-Trinkampullen. Zur Dosierung →vordere Umschlagseite.
Zur Reinigung der eventuell verklebten Augen nehmen Sie verdünnte Calendula-Essenz.

Wann zum Therapeuten?

Wenn sich trotz Ihrer Therapie die Knötchen nach 4 Wochen nicht verändern, sollten Sie einen Therapeuten aufsuchen.

Welche Therapiemaßnahmen beim Therapeuten?

Er wird zunächst feststellen, ob die Veränderungen am Auge auf einer Erbanlage beruhen. Dann kann er mit homöopathischen Einzelmitteln konstitutionell einwirken.
Wenn diese Therapie nicht hilft, muß ein Tierarzt die Knötchenbildungen unter Lokalanästhesie

entfernen. Häufig kommen die Knötchen allerdings wieder.

Zur Vor- und Nachsorge bei der Narkose →Seite 98.

Vor- und Nachsorge

Hat Ihr Hund häufiger Tränenaugen, sollten Sie die Augen immer vorsichtig mit verdünnter Calendula-Essenz reinigen.

Schützen Sie Ihr Tier vor zusätzlichen Reizen wie Zugluft oder grellem Sonnenlicht.

Ohrentzündungen

Die Ohrentzündung kann sowohl ein Symptom für eine Stoffwechselstörung als auch eine eigenständige Erkrankung darstellen.

Krankheitsbild

Der Hund schüttelt vermehrt seinen Kopf und kratzt sich am Ohr, er ist unruhig, rutscht mit dem Ohr am Boden, hält seinen Kopf schief (weist auf einseitige Ohrentzündung hin), ohne daß eine äußerlich sichtbare Ursache erkennbar ist. Auf Berührung des Ohres reagiert der Hund deutlich überempfindlich, beim Reinigen der Ohren fällt eine vermehrte Absonderung von Ohrenschmalz oder stinkender, flüssiger bis eitriger Ausfluß auf. Der Ausfluß kann aber ebenso trocken und braunkrümelig sein (dies wäre ein Hinweis auf Milben).

Bei Nichtbehandlung kann sich die Entzündung ins Innenohr verlagern, was für den Hund äußerst schmerzhaft ist. Meist läßt er dann niemanden mehr ans Ohr fassen und schnappt sogar.

Durch Kratzen können äußerliche Verletzungen in der Ohrumgebung entstehen.

Ursachen

Ohrentzündungen können verursacht werden durch Parasiten wie Ohrmilben, durch Bakterien oder Pilze sowie durch Fremdkörper, einen Tumor oder vermehrte Haaransammlung im Ohr.

Alte Ohrreinigungsmittel können Ohrentzündungen als allergische Reaktion auslösen.

Einseitige Ohrentzündungen können, sofern sie nicht durch einen Fremdkörper ausgelöst wurden, linksseitig auf eine Nierenfunktionsstörung oder Störungen im Hormonhaushalt hinweisen, rechtsseitig auf eine Fehlernährung oder Leberfunktionsstörung.

Selbstmaßnahmen

Reinigen Sie die Ohren mit einer mit abgekochtem Wasser verdünnten Calendula-Essenz. Zur Handhabung →Seite 109.

Bei geröteten, heißen Ohren tränken Sie ein Wattestäbchen nach der Reinigung mit dem Inhalt $1/2$ Ampulle Traumeel (enthält keinen Alkohol und brennt somit auch nicht) und tupfen das Ohr damit ab. Die andere Hälfte der Ampulle geben Sie Ihrem Hund zum Trinken.

Hat Ihr Hund Hängeohren, ist es sinnvoll, diese hochzubinden, damit Luft ans Ohr kommt.

Wichtig: Vermeiden Sie im Ohr Salben und Cremes, da Sie dadurch den Gehörgang verstopfen – außerdem verbäckt das vermehrt produzierte Ohrenschmalz mit der Salbe und verstopft zusätzlich; die Entzündung würde sich dadurch nur verstärken.

● **Naturheilmittel**

Sind die Ohren heiß, gerötet und berührungsempfindlich, verabreichen Sie als Trinkampulle Belladonna-Injeel. Gehört Ihr Hund zu den dicken, trägen Typen, die immer wieder mit Ohrentzündungen zu tun haben, geben Sie Graphites-Injeel-

Trinkampullen. Eitrige Ohrentzündungen behandeln Sie mit Staphylosal-Tropfen, die Sie 1- bis 2mal täglich verabreichen.

Nach Abklingen der Entzündungserscheinungen geben Sie für ein paar Tage Silicea-Injeel-Trinkampullen zum Ausheilen.

Wann zum Therapeuten?

Besteht die Ohrentzündung trotz Ihrer Therapie noch nach etwa 1 Woche, so sollten Sie einen Therapeuten aufsuchen.

Welche Therapiemaßnahmen beim Therapeuten?

Der Therapeut wird zuerst abklären, ob eventuell eine Stoffwechselerkrankung vorliegt und diese dann mit spezifischen homöopathischen Mitteln behandeln. Ist dies nicht der Fall, wird er die Entzündung mit speziellen homöopathischen Einzelmitteln bekämpfen.

Zur Unterstützung der Behandlung werden Sie in die Technik der Farbtherapie eingewiesen.

Vor- und Nachsorge

Inspizieren Sie wenigstens einmal am Tag die Ohren Ihres Hundes, um rechtzeitig festzustellen, ob Fremdkörper eingedrungen sind oder ob sich vermehrt Haare im Ohr befinden (→Seite 109).

Rasse-Dispositionen

Unter Ohrentzündungen leiden überwiegend Hunde mit Hängeohren.

Ohrrandekzem

Ohrrandekzeme sind meist chronische Entzündungen der Ohrränder, die gehäuft bei Hunderassen mit Hängeohren oder kupierten Ohren vorkommen.

Krankheitsbild

Ohrrandekzeme sind Wunden am Ohrrand, die anfangs zwar gut verschorfen, aber durch weitere mechanische Reize immer wieder aufbrechen und bluten. Dadurch können Bakterien oder Pilze in die Wunden eindringen und zu Entzündungen führen.

Ursachen

Ohrrandekzeme können verursacht werden durch Stoßen und Bißwunden, ständiges Kopfschütteln oder Kratzen am Ohr.

Auch ein Parasitenbefall kann zu offenen Stellen am Ohrrand führen, die sich dann entzünden.

Selbstmaßnahmen

Behandeln Sie das Ohr mit verdünnter Calendula-Essenz und reiben Sie es dann anschließend dünn mit Traumeel-Salbe oder Hamamelis-Salbe ein.

Wichtig: Hindern Sie Ihren Hund daran, an einer offenen Wunde am Ohrrand zu kratzen, da sich der Heilungsprozeß sonst verzögert.

Wann zum Therapeuten?

Wenn trotz Ihrer Behandlung der Ohrrand unverändert krustig-blutig bleibt, sollten Sie einen Therapeuten zu Rate ziehen.

Welche Therapiemaßnahmen beim Therapeuten?

Der Therapeut wird mit homöopathischen Einzelmitteln die Entzündungen behandeln. Zusätzlich wird er den Heilungsprozeß der geschädigten Haut am Ohr mit homöopathisierten Zellsubstanzen unterstützen.

Vor- und Nachsorge

Achten Sie auch auf den Ohrrand, wenn Sie die Ohren Ihres Hundes untersuchen.

Rasse-Dispositionen

Ohrrandekzeme treten häufig bei den Rassen Spaniel und Basset auf.

Ohrspeicheldrüsenentzündung

Die Ohrspeicheldrüsen liegen beidseits des Kopfes unterhalb der Ohren hinter dem Unterkiefer.

Wichtig: Verwechseln Sie geschwollene Ohrspeicheldrüsen nicht mit geschwollenen Lymphdrüsen!

Krankheitsbild

Entzündete Ohrspeicheldrüsen äußern sich als kugelförmige Verdickung beidseits des Kopfes unterhalb der Ohren, die meist nicht schmerzempfindlich ist. Oft ist zunächst nur die linke Seite betroffen.

Ursachen

Ursachen können Erkältungen, eine Virusinfektion oder ein Verschluß des Ohrspeichelganges sein.

Selbstmaßnahmen

Verabreichen Sie Ihrem Tier täglich Traumeel-Tabletten und 1 Trinkampulle Belladonna-Injeel.

● **Bach-Blüten**
Sollte Ihr Hund durch die Entzündung müde und geschwächt sein, geben Sie ihm Hornbeam und Olive.

Wann zum Therapeuten?

Haben Sie mit Ihrer Therapie nach 3 Tagen noch keinen Erfolg, sollten Sie zum Therapeuten gehen.

Wichtig: Ist die Ohrspeicheldrüsenentzündung mit Schmerzen verbunden, sollten Sie sofort einen Therapeuten konsultieren.

Welche Therapiemaßnahmen beim Therapeuten?

Er wird mit homöopathischen Einzelmitteln die Entzündung bekämpfen und die körpereigene Abwehr anregen. Um dem Körper beim Entgiftungsvorgang zu helfen, wird er eine Nosodentherapie durchführen.
Unterstützend kann eine Farbtherapie angewandt werden.

Vor- und Nachsorge

Setzen Sie Ihren Hund nicht unnötig Zugluft aus.

Erkrankungen der Atmungs- und Kreislauforgane

Nasenausfluß

Nasenausfluß ist meist mit einer Erkältung gekoppelt, kann aber auch andere Ursachen haben. Wenn Sie den Nasenausfluß nicht behandeln, können die Nasenschleimhäute austrocknen oder die Umgebung um die Nase entzündet sich. Auch eine Stirnhöhlen- oder Nasennebenhöhlenentzündung kann folgen.

Krankheitsbild

Der Hund hat einen wäßrig-milden oder auch wundmachenden Nasenausfluß. Dieser kann sowohl zähflüssig-eitrig, schleimig-gelb wie auch gelb-grün sein. Oftmals tritt er in Verbindung mit Lichtscheue auf. Das Tier niest gehäuft und atmet bei verstopfter Nase vermehrt durch das Maul.

Ursachen

Nasenausfluß wird meist durch Bakterien, Viren oder Pilze ausgelöst. Auch eine Zahnwurzelentzündung oder -vereiterung kann die Ursache sein. Als Folge einer Allergie oder als Begleiterscheinung bei Staupe und Zwingerhusten kann ebenfalls Nasenausfluß auftreten.

Wichtig: Blutige Beimengungen im Ausfluß deuten auf ein Tumorgeschehen oder eine Verletzung hin. Auch bei einseitigem Nasenausfluß kann ein Tumor die Ursache sein. In diesem Fall sollten Sie sofort zum Therapeuten gehen.

Selbstmaßnahmen

Ist der Nasenausfluß mild und grünlich-gelb, geben Sie Ihrem Hund Euphorbium-comp.-Trinkampullen, bei zähflüssigem, fadenziehendem Ausfluß Hydrastis-Injeel-Trinkampullen. Ist der Ausfluß eitrig, so verabreichen Sie Staphylosal-Tropfen. Zur Dosierung →vordere Umschlagseite.

Wann zum Therapeuten?

Sie sollten einen Therapeuten aufsuchen, wenn sich der Allgemeinzustand Ihres Hundes verschlechtert oder wenn Fieber oder Blutungen hinzukommen.

Welche Therapiemaßnahmen beim Therapeuten?

Der Therapeut wird den Hund mit speziellen homöopathischen Einzelmitteln behandeln sowie die körpereigene Abwehr stärken. Mit Nosoden werden eventuell krankheitsauslösende Pilze oder Toxine aus dem Körper ausgeleitet.
Zur Unterstützung werden Sie in die Technik der Farbtherapie eingewiesen.

Vor- und Nachsorge

Sorgen Sie dafür, daß der Hund nicht unnötig Kälte, Nässe oder Zugluft ausgesetzt ist.

Husten/Bronchitis

Husten kann sowohl trocken als auch mit Auswurf einhergehen. Meist tritt er als Symptom bei Erkrankungen der Atemwege auf, er kann aber auch auf Herzkrankheiten hindeuten.
Bronchitis ist eine akute Entzündung der Bronchien, die chronisch werden kann, wenn sie unbehandelt bleibt.

Krankheitsbild

Das Tier hustet anfangs trocken, später kann ein klarer bis schleimig-eitriger Auswurf dazukommen. Der Husten kann begleitet werden von Atemnot, Appetitmangel, Schwäche und Lustlosigkeit, manchmal auch von Fieber.
Ein dünnschaumiger, rosaroter Auswurf deutet auf das Vorliegen eines Lungenödems hin, ein zähflüssiger, weißlicher Auswurf tritt bei Stauungslunge auf. Als Folge einer chronischen Bronchitis kann es zu Blutbeimengungen im Sekret kommen.

Wichtig: Sie sollten sofort einen Therapeuten aufsuchen, wenn sich im Auswurf Blutspuren oder Eiterstippchen befinden. Diese können auf Fremdkörper, Abszesse oder ein Tumorgeschehen hinweisen. Wenn Störungen des Allgemeinbefindens hinzukommen, kann auch eine Infektionskrankheit wie Zwingerhusten oder Staupe vorliegen.

Ursachen

Im einfachsten Fall kann ein zu fest gebundenes Halsband die Ursache für Husten sein, denn Druck auf den Hals löst Hustenreiz aus.

Husten kann sowohl Anzeichen einer einfachen Erkältung als auch von Entzündungen von Rachen, Kehlkopf und Luftröhre oder Mandeln sein.

Die häufigste Ursache für eine Bronchitis sind Infektionen durch Viren, Bakterien oder Pilze.
Auch ein Tumorgeschehen, Herz- und Lungenerkrankungen oder eine Brustfellentzündung können von Husten begleitet werden.
In Verbindung mit einem verdickten Hals muß auch eine Schilddrüsenerkrankung in Betracht gezogen werden.
Wird der Husten von tränenden Augen und vielleicht auch noch laufender Nase begleitet, so kann dies ein Hinweis sein, daß Ihr Hund auf bestimmte Substanzen allergisch reagiert.

Selbstmaßnahmen

Wichtig: Gönnen Sie Ihrem Hund Ruhe und sorgen Sie dafür, daß er weder Zugluft noch Kälte oder Nässe ausgesetzt ist.

● **Naturheilmittel**
Wenn dem Husten eine Erkältung zugrunde liegt, verabreichen Sie täglich Bryaconeel-Tabletten, Cosmochema Hustentropfen oder Tartephedreel-Tropfen, bei Ihnen unbekannter Ursache Husteel-Tropfen. Zur Dosierung →vordere Umschlagseite.

● **Bach-Blüten**
Wenn Ihr Hund durch die Bronchitis müde und abgeschlagen wirkt, verabreichen Sie ihm Hornbeam oder Olive.

Wann zum Therapeuten?

Sie sollten zum Therapeuten gehen, wenn sich trotz der Medikamente der Husten nach 4 Tagen nicht bessert oder wenn sich der Allgemeinzustand des Tieres verschlechtert.

Welche Therapiemaßnahmen beim Therapeuten?

Der Therapeut wird mit homöopathischen Einzelmitteln d e körpereigene Abwehr anregen und die Lungen-Bronchien-Situation verbessern. Nosoden dienen zur Ausleitung spezifischer Toxine oder Allergene, die den Husten auslösen könnten.
Zur Regeneration wird der Therapeut die Zytoplasmatische Therapie einsetzen.
Zur Unterstützung werden Sie in die Technik der Farbtherapie eingewiesen.

Vor- und Nachsorge

Sorgen Sie dafür, daß Geschirr oder Halsband des Tieres keinen zu starken Druck auf den Hals ausüben. Setzen Sie Ihren Hund nicht unnötig Kälte und Nässe aus.

Lungenentzündung

Eine Lungenentzündung geht meist von den Bronchien aus.

Krankheitsbild

Typisch für eine Lungenentzündung sind hohes Fieber, Apathie, Leistungsschwäche, Müdigkeit und im Anfangsstadium ein trockener Husten. Auch Atembeschwerden (vor allem eine beschleunigte, erschwerte Atmung) sowie Appetitlosigkeit können auftreten.

Ursachen

Meist entsteht eine Lungenentzündung als Folge oder als Begleiterscheinung einer Bakterien- oder Virusinfektion der beiden Lungenabschnitte; auch Pilze oder Parasiten können sie auslösen.

Hunde, die ausschließlich im Zwinger gehalten werden, neigen in den Wintermonaten leicht zu Erkältungen, die sich zu einer Lungenentzündung entwickeln können.

Selbstmaßnahmen

Wichtig: Zur Unterstützung des Heilungsprozesses dient eine Diät mit gehaltvoller Nahrung, die sich aus Fleischbrühe, frischem Fleisch, Eigelb und etwas Traubenzucker zusammensetzt. Zum Trinken reichen Sie Ihrem Hund einen leichten schwarzen Tee.

Achten Sie auf absolute »Körbchen-Ruhe«. Das bedeutet, daß der Hund nur hinaus darf, um sein Geschäft zu verrichten! Bringen Sie ihn in einem Raum unter, den Sie öfter am Tag lüften können, so daß das Tier zwar ruhig, aber auch in frischer Luft liegt.

● **Naturheilmittel**
Wenn der Hund über 39° Fieber hat, geben Sie Febrisal-Tropfen. Bei trockenem Husten helfen Bryaconeel-Tabletten, die auch die Lungentätigkeit stabilisieren. Mit Gripp-Heel-Tabletten verbessern Sie die körpereigene Abwehr des Tieres. Zur Dosierung →vordere Umschlagseite.

● **Bach-Blüten**
Zur inneren Reinigung geben Sie Crab Apple; macht Ihr Hund einen müden, abgeschlagenen Eindruck, verabreichen Sie Hornbeam und Olive.

Wann zum Therapeuten?

Ist nach 3 Tagen noch keine merkliche Besserung eingetreten, vor allem ist das Fieber nicht gesunken, dann müssen Sie mit Ihrem Hund unbedingt zum Therapeuten.

Welche Therapiemaßnahmen beim Therapeuten?

Der Therapeut wird mit homöopathischen Einzelmitteln die Gesamtverfassung des Hundes sowie die Funktion der Atemwege stabilisieren und den Kreislauf stützen. Die spezifischen Krankheitserreger werden durch die Nosodentherapie aus dem Körper ausgeleitet.
Zur Unterstützung werden Sie in die Technik der Farbtherapie eingewiesen.

Vor- und Nachsorge

Achten Sie darauf, daß Ihr Hund nicht unnötig Zugluft, Kälte und Nässe ausgesetzt ist.

Kreislaufschwäche

Kreislaufschwäche kann die Folge einer akuten Erkrankung sein. Manche Hunde neigen angeborenermaßen dazu.

Krankheitsbild

Der Hund sackt plötzlich zusammen und ist nur bedingt ansprechbar, auf Zuruf reagiert er nur langsam. Die Maulschleimhäute sind blaß, der Puls ist verlangsamt oder auch stark beschleunigt. Nach dem Schwächeanfall ist der Hund sehr zittrig auf den Pfoten.

Ursachen

Auslöser einer Kreislaufschwäche können Überanstrengung, extreme Hitze oder die Folgen von Narkose- oder Beruhigungsmitteln sein.
Auch Infektionskrankheiten, Vergiftungen oder ein größerer Blutverlust nach einem Unfall oder einer Operation können zu Kreislaufschwäche führen.

Selbstmaßnahmen

Bei Kreislaufschwäche, hervorgerufen durch Überanstrengung, extreme Hitze, Vergiftung oder Unfall, ist Ihre schnelle Reaktion und Hilfestellung besonders wichtig, um den Zustand Ihres Hundes zu bessern.

Wichtig: Legen Sie das Tier auf eine weiche Unterlage, so daß es nicht auf dem kalten Boden liegt. Drehen Sie es auf die Seite, daß es nicht am eigenen Erbrochenen erstickt. Massieren Sie seine Pfoten leicht von unten nach oben, um die Durchblutung in Gang zu setzen.

● **Naturheilmittel**
Sofort hilfreich sind Carbo-vegetabilis-Injeel-Trinkampullen, die Sie vorsichtig auf die Maulschleimhaut tropfen.
Zur Dosierung →vordere Umschlagseite.

● **Bach-Blüten**
Als Sofortmaßnahme haben sich Rescue-Tropfen bewährt.

Wann zum Therapeuten?

Sie müssen zum Therapeuten, wenn sich Ihr Hund nicht innerhalb kurzer Zeit erholt und die blassen Schleimhäute nicht wieder rosafarben werden; auch Luftnot oder – trotz Therapie – keine Reaktion auf Ihren Zuruf erfordern einen Therapeutenbesuch.

Welche Therapiemaßnahmen beim Therapeuten?

Der Therapeut wird als erstes mit homöopathischen Einzelmitteln den Kreislauf stabilisieren. Dann muß er unbedingt den Grund der Kreislaufschwäche erforschen.

Vor- und Nachsorge

Vermeiden Sie, daß sich Ihr Hund in den heißen Monaten zu lange in der Sonne aufhält und überstrapazieren Sie ihn nicht.

Wenn Ihr Tier generell Probleme mit dem Kreislauf hat, geben Sie ihm vorsorglich an kritischen Tagen 1- bis 2mal täglich 1 Tablette Vertigoheel.

Herzschwäche

Herzschwäche kann ab dem 5. Lebensjahr auftreten. Wenn es keine weiteren krankhaften Veränderungen gibt, läßt sich diese Altersschwäche mit Naturheilmitteln regulieren.

Krankheitsbild

Der Allgemeinzustand des Tieres ist nicht betroffen, aber es ist aufgrund seines Alters nicht mehr so ausdauernd, ermüdet schneller und gönnt sich öfter eine Ruhepause. Vor allem in den warmen Monaten gerät der Hund schneller außer Atem. Häufig ist er den alltäglichen Belastungen wie Treppensteigen nicht mehr gewachsen.

Im fortgeschrittenen Stadium stellt sich trockener Husten ein.

Ursachen

Altersbedingt lassen die Stoffwechselfunktionen allmählich nach, die Reaktionsfähigkeit sinkt. Somit beginnt eine Phase der Degenerationen und Verschleißerscheinungen der Organe, wobei auch die Herztätigkeit nachläßt.

Regelmäßig sehr viel Sport und Konditionstraining – insbesondere das Radfahren mit angeleintem Hund – lösen bevorzugt eine Herzerweiterung aus, die sich im Alter als Herzschwäche (sog. Sportlerherz) äußern kann.

Selbstmaßnahmen

Achten Sie auf eine altersgerechte, leichtverdauliche Ernährung (→Seite 14). Vermeiden Sie Flocken oder Trockenfutter.

Wichtig: Gehen Sie mit Ihrem Hund häufiger, dafür nur kurze Strecken spazieren, um den Stoffwechsel immer wieder anzuregen, das Tier aber nicht zu überanstrengen.

● **Naturheilmittel**

Am besten haben sich Cralonin-Tropfen oder Cactus comp.-Tropfen zur Unterstützung der Herzfunktion bewährt. Zusätzlich hat Cor comp. als Trinkampulle – 1- bis 2mal pro Woche verabreicht – einen leichten regenerativen Effekt für das Herz.

● **Bach–Blüten**

Wird Ihr Hund infolge des Alters müde und schlapp, geben Sie Hornbeam und Olive, wirkt er unsicher oder übervorsichtig, hilft Cerato; ein Tier, das schnell in Panik gerät, bekommt Cherry Plum.

Wann zum Therapeuten?

Wenn sich trotz der Naturheilmittel die Belastbarkeit des Tieres nicht verbessert oder zusätzlich Störungen im Allgemeinbefinden einstellen, sollten Sie mit Ihrem Hund zum Therapeuten gehen.

Welche Therapiemaßnahmen beim Therapeuten?

Der Therapeut wird homöopathische Einzelmittel zur Verbesserung der Gesamtverfassung des Tieres einsetzen, ggf. die Zytoplasmatische Therapie zur Regeneration.

Vor- und Nachsorge

Überstrapazieren Sie Ihren Hund nicht.

Erkrankungen des Verdauungsapparates

Abmagerung

Gewichtsverlust trotz ausreichenden Futterange-bots kann bei vielen Hunden im Alter eine norma-le Erscheinung sein. Allerdings können auch Stoff-wechselstörungen die Ursache sein.

Krankheitsbild

A) Der Hund ist sehr schlank und lebhaft und be-kommt sehr viel Auslauf.
B) Das Tier frißt ungewöhnlich viel, nimmt dabei aber nicht zu.
C) Der Hund hat stark abgenommen. Zusätzlich ist der Allgemeinzustand gestört.

Ursachen

A) Ihr Hund »verbrennt« mehr Nährstoffe, als er durch die angebotene Futtermenge zu sich nimmt.
B) Ursache kann entweder eine Überfunktion der Schilddrüse, eine Erkrankung der Bauchspei-cheldrüse, ein Krebsgeschehen oder massiver Wurmbefall sein.
C) Dies kann die Folge einer schweren Stoffwech-selerkrankung sein.

Selbstmaßnahmen

A) Erhöhen Sie die Futtermenge, bis Sie die Rippen des Tieres zwar noch tasten, aber nicht mehr se-hen können! Füttern Sie keinen Reis, denn dieser entwässert zusätzlich.

Wichtig: Bieten Sie Ihrem Hund mehrmals über den Tag verteilt kleine Mahlzeiten an.

● **Naturheilmittel**
Geben Sie dem Tier täglich 1 Ampulle Abrotanum-Injeel.

● **Bach-Blüten**
Hat Ihr Tier ein dominantes Wesen, so geben Sie ihm Vine, ist es äußerst hektisch und ungeduldig, bekommt es Impatiens oder Vervain.

B) Lassen Sie den Kot Ihres Hundes auf Würmer untersuchen. Wenn dies ohne Befund verläuft, sollten Sie ihn auf eine eventuell vorliegende Stoffwechselstörung untersuchen lassen.
C) In diesem Fall gehört der Hund immer in die Hände eines Therapeuten.

Wann zum Therapeuten?

In den Fällen B) und C) ist ein baldiger Besuch beim Therapeuten angeraten.

Welche Therapiemaßnahmen beim Therapeuten?

Der Therapeut wird homöopathische Einzelmittel zur Regulierung des Stoffwechsels einsetzen.
Mit Hilfe der Nosodentherapie wird er krankheits-auslösende Stoffe aus dem Körper ausleiten.
Ggf. wird er die Zytoplasmatische Therapie zur Re-generierung veränderter Zellstrukturen einsetzen

und per Laser-Akupunktur eventuell vorhandene Blockaden auf den Meridianen lösen.

Zur Unterstützung des Heilungsprozesses werden Sie in die Technik der Farbtherapie und Akupressur eingewiesen.

Vor- und Nachsorge

Wichtig für das Wohlergehen Ihres Hundes ist eine artgerechte Ernährung (→Seite 14).

Rasse-Dispositionen

Bestimmte Hunderassen wie Windhund, Rehpinscher oder Whippet sind von Grund auf »mager«.

Fettsucht, dicker Bauch

Bei Fettsucht muß man unterscheiden zwischen einer allgemeinen Gewichtszunahme und einer lokal begrenzten, etwa am Bauch.

Fette Tiere zeigen leichter Stoffwechselerkrankungen als normalgewichtige und leiden deshalb schon in jüngeren Jahren an Verschleißerscheinungen des Bewegungsapparates sowie an Herz-Kreislauf- und Atembeschwerden.

Krankheitsbild

A) Im Lauf der Zeit wird der Hund überall am Körper immer dicker.

B) Obwohl der Hund nicht zuviel Futter erhält, neigt er bereits von klein auf zum Dickwerden.

C) Das Tier nimmt zu, obwohl es nur wenig frißt. Es macht eher einen phlegmatischen Eindruck.

D) Die Leibesfülle ist auf den Bauch lokalisiert.

E) Nach einer Kastration neigen die Hunde häufig zur Fettsucht.

Ursachen

A) Ihr Hund bekommt zu viel Futter. Möglicherweise hat er auch zu wenig Bewegung und verbraucht dadurch zu wenig Kalorien.

B) In diesem Fall liegt wahrscheinlich eine erbliche Disposition (→Seite 122) zur Fettsucht vor.

C) Die Ursache kann eine Hormonstoffwechselstörung sein wie eine Schilddrüsenunterfunktion.

D) Ein dicker Bauch kann die Folge übermäßigen Fressens sein. Auch könnte ein Ihnen entgangener Deckakt zur Trächtigkeit geführt haben.

Es könnte aber ebenso eine Gebärmuttervereiterung, eine Bauchwassersucht, ein Tumorgeschehen, eine Magendrehung oder eine Leber- oder Milz-Vergrößerung vorliegen.

E) Kastrierte Hunde sind träger und fauler und haben mehr Hunger als vor dem Eingriff, weil ihnen ein Stoffwechselfaktor fehlt.

Selbstmaßnahmen

A) Reduzieren Sie die Futtermenge und ermöglichen Sie Ihrem Tier mehr Bewegung.

B), C) und D) Stellen Sie zur Ursachenklärung das Tier einem Therapeuten vor.

E) Bei einem kastrierten Hund hat manchmal nur eine Konstitutionstherapie mit homöopathischen Mitteln Aussicht auf Erfolg, die ein Therapeut für Ihr Tier ganz speziell ausarbeiten muß.

● Bach-Blüten

Sie sind nur dann sinnvoll, wenn Ihr Hund gleichzeitig seelische oder charakterliche Probleme hat. Ist er sehr dominant und aufdringlich, geben Sie Vine, ist er eher ängstlich und zurückhaltend, hilft Mimulus, bei Eifersucht verabreichen Sie Holly.

Wann zum Therapeuten?

Sie sollten einen Therapeuten aufsuchen, wenn Sie ein zu gut gemeintes Futterangebot und eine

Trächtigkeit mit Sicherheit ausschließen können und wenn sich Begleitsymptome einstellen, die den Allgemeinzustand des Tieres beeinträchtigen.

Welche Therapiemaßnahmen beim Therapeuten?

Es wird von Fall zu Fall entschieden, ob die Klassische Homöopathie zur Stoffwechselregulierung, die Zytoplasmatische Therapie zum Neuaufbau von Zellverbänden oder die Nosodentherapie zur spezifischen Entgiftung zum Einsatz kommen.

Vor- und Nachsorge

Achten Sie auf eine ausgewogene, artgerechte Ernährung (→Seite 14). Wenn der Hund sehr verfressen sein sollte oder zum Betteln neigt, bieten Sie ihm besser 2- bis 3mal täglich eine kleine Menge Futters an. Füttern Sie Ihrem Tier, wenn es zur Fettsucht neigt, weniger Flocken und dafür mehr Reis, der zusätzlich entwässert.
Gewähren Sie dem Tier genügend Auslauf und Bewegung.

Rasse-Dispositionen

Konstitutionell sind vor allem Dackel und Spaniel von Fettsucht betroffen.

Beschwerden beim Schlucken

Oft sind Schluckbeschwerden die Ursache dafür, wenn Hunde plötzlich das Futter verweigern, die normalerweise »gute Fresser« sind.

Krankheitsbild

Das Tier geht zwar mit einem spürbaren Hungergefühl an den Napf, legt sich dann aber meist davor, ohne zu fressen. Kommt jemand in die Nähe, verteidigt der Hund sein Futter, ohne jedoch auch dann davon zu fressen.
Außerdem fallen vermehrtes Speicheln, Leerschlucken, Räuspern oder Hüsteln auf, Wasser wird sehr langsam getrunken. Der Rachen ist meist deutlich gerötet. In manchen Fällen treten auch Fieber und Mattigkeit sowie gehäuftes Gähnen auf.

Ursachen

Schluckbeschwerden können hervorgerufen werden durch eine Entzündung von Rachen, Mandeln, Luftröhre, Speiseröhre oder Kehlkopf.
Auch zu heißes Futter, Schneefressen, anhaltendes Bellen, chronisches Sodbrennen oder Verätzungen können Beschwerden beim Schlucken auslösen.
Ein zu enges Halsband, das permanenten Druck auf den Hals ausübt, wie auch gehäuftes, starkes Ziehen an der Leine können ebenfalls zu Schluckbeschwerden führen.
Als weitere Ursache können auch Insektenstiche, Gaumenverletzungen oder Gaumenspalten (→Seite 122) in Betracht kommen.
Schluckbeschwerden in Kombination mit einer Beeinträchtigung des Allgemeinbefindens können auch durch Fremdkörper, ein Tumorgeschehen oder Abszesse im Rachenraum, Nervenlähmungen sowie durch eine vergrößerte Schilddrüse (Kropf) verursacht werden.

Wichtig: Manche Infektionskrankheiten wie Tollwut, Staupe, Leptospirose oder Hepatitis gehen mit Schluckbeschwerden einher. Aus diesem Grund sollten Sie, wenn Sie sich unsicher sind, einen Therapeuten aufsuchen.

Selbstmaßnahmen

Überprüfen Sie den Rachen- und Halsbereich Ihres Hundes auf Fremdkörper und entfernen Sie diese, wenn nötig. Achten Sie auch auf Insektenstiche oder andere Verletzungen. Legen Sie das Halsband nicht zu fest an.

Wenn alle mechanischen Ursachen ausgeschlossen sind, ist höchstwahrscheinlich eine Entzündung der Grund der Beschwerden.

● Naturheilmittel

Verabreichen Sie Ihrem Hund zu Beginn Ihrer Therapie für 2 bis 3 Tage Aconitum-Injeel-Trinkampullen. Sollten die Schluckbeschwerden nach 3 Tagen noch unverändert vorherrschen, helfen Sie dem Organismus beim Entgiftungsvorgang mit Lymphomyosot-Tropfen; die Schleimhautsituation im Maul können Sie mit Mucosa comp.-Trinkampullen verbessern. Zur Dosierung →vordere Umschlagseite.

Versuchen Sie, dem Tier dünnen Salbeitee einzuflößen; dies wird wahrscheinlich auf Gegenwehr stoßen, da der Tee geschmacksintensiv ist.

● Bach–Blüten

Geben Sie Crab Apple zur Unterstützung des Entgiftungsvorganges; sollte das Tier infolge der Schluckprobleme desinteressiert oder auch lustlos werden, geben Sie ihm Hornbeam.

Wann zum Therapeuten?

Wenn nach 3 Tagen Therapie noch keine sichtbare Besserung eingetreten ist oder zusätzlich das Allgemeinbefinden gestört ist, sollten Sie unbedingt einen Therapeuten aufsuchen!

Welche Therapiemaßnahmen beim Therapeuten?

Der Therapeut wird die Klassische Homöopathie als Konstitutionsstütze einsetzen. Ist die Ursache eine Organerkrankung, wird er spezifische homöopathische Einzelmittel verschreiben.

Wenn Toxine als Ursache feststehen, wird er die Nosodentherapie zum Einsatz bringen.

Vor- und Nachsorge

Achten Sie darauf, daß das Halsband nicht zu eng sitzt. Erziehen Sie Ihren Hund dazu, daß er nicht permanent stark an der Leine zieht.

Regelmäßige Impfungen helfen, Infektionskrankheiten vorzubeugen.

Lassen Sie Ihren Hund im Winter keinen Schnee fressen und setzen Sie das Tier nicht unnötig Nässe und Kälte aus. Das Wasser in Pfützen kann mit Toxinen belastet sein, deshalb sollten Sie das Trinken aus Pfützen unterbinden, um einer Entzündung der Maulschleimhaut vorzubeugen.

Geben Sie kein zu heißes Futter, lauwarm genügt vollkommen. Eine artgerechte Ernährung (→Seite 14) verhindert Sodbrennen, das – gehäuft vorkommend – die Schleimhäute des Rachenraumes verätzen kann.

Spielzeug sollten Sie in der für Ihr Tier richtigen Größe auswählen, um zu vermeiden, daß es verschluckt wird und im Rachen stecken bleibt.

Rasse-Dispositionen

Schluckbeschwerden als Folge einer Erkältung sind bei allen Rassen möglich. Gehäuft treten sie als Folge von Entzündungen des Rachens, der Luftröhre, Speiseröhre und des Kehlkopfes bei Spitz und Boxer auf.

3

Zahnungsprobleme

Zwischen dem 4. und 6. Lebensmonat findet der Zahnwechsel statt, bei dem einen Tier verläuft er unproblematisch, beim anderen ist er mit Entzündungen und Schmerzen verbunden.

Krankheitsbild

Während der Zeit des Zahnwechsels kann es zu Zahnfleischrötungen, Speicheln und auch Berührungsempfindlichkeit im Bereich des Maules kommen. Wenn man die Entzündungserscheinungen nicht beachtet, kann daraus eine Zahnfleischentzündung entstehen, unter der das Tier dann zeitlebens immer wieder zu leiden hat.

Ursachen

Eine mögliche Ursache können Zahnschmelzdefekte aufgrund erblicher Veranlagungen sein. Auch eine in jungen Jahren durchgemachte Staupe kann zu Zahnungsproblemen führen.
Stehengebliebene Milchzähne können ebenfalls Zahnungsprobleme auslösen; diese müßten dann operativ entfernt werden.

Selbstmaßnahmen

Wichtig: Überanstrengen Sie Ihren Hund während der Zahnungsphase nicht, gehen Sie also nicht zu viel mit ihm spazieren oder lassen Sie ihn nicht zu viel spielen und toben.

● **Naturheilmittel**
Verabreichen Sie zur Verbesserung der Zahnsituation 2mal wöchentlich eine Tablette Calcium fluoratum C30. Bei Entzündungen des Zahnfleisches geben Sie Belladonna-Injeel-Trinkampullen.

● **Bach-Blüten**
Befindet sich das Tier während der Zeit des Zahnwechsels in einer Phase des Neubeginns mit Wechsel der Bezugsperson oder Trennung von seinem Muttertier, helfen Sie mit Walnut; erscheint es aufgrund der Zahnungsprobleme abgeschlagen und müde, geben Sie Hornbeam; wirkt es eher überaktiv und überdreht, geben Sie Vervain.

Wann zum Therapeuten?

Wenn die Entzündungserscheinungen trotz Ihrer Therapie nicht zurückgehen, sollten Sie einen Therapeuten aufsuchen.

Welche Therapiemaßnahmen beim Therapeuten?

Der Therapeut wird zur Verbesserung des Mineralstoffhaushaltes homöopathische Einzelmittel einsetzen.
Stehengebliebene Milchzähne als Ursache muß ein Tierarzt unter Narkose ziehen.

Zahnfleischentzündung

Diese Erkrankung beginnt meist ohne Symptome und wird oft erst bemerkt, wenn sie schon chronisch geworden ist.

Krankheitsbild

Bei der Inspektion der Zähne fällt eine Rötung am Zahnfleischrand auf. Die Zahnfleischleisten können verdickt sein, bisweilen auch bluten. Oft tritt begleitend ein unangenehmer Maulgestank auf. Manchmal verweigert das Tier auch das Futter, trinkt aber.

Tumore, Bläschen und Aphthen (→Seite 122) sind, soweit sie nicht im hintersten Teil des Kiefers sitzen, an der veränderten Schleimhaut sichtbar.
Die Zahnfleischränder sind nicht nur gerötet, sondern deutlich verdickt; manchmal haben sie die Form eines »Blumenkohls«.

Ursachen

Zahnfleischentzündungen können hervorgerufen werden durch Verletzungen, einen schlechten Zahn, Zahnstein oder durch eine Infektion mit Viren, Bakterien oder Pilzen.
Als Folge einer Urämie oder einer Zuckerkrankheit können ebenfalls Entzündungen entstehen.
Eine unbehandelte Zahnfleischentzündung kann zu Wucherungen am Zahnfleisch führen.

Selbstmaßnahmen

Wichtig: Vergessen Sie bei der Pflege Ihres Hundes nicht die Zahnreinigung (→Seite 109)! Geben Sie dem Hund in dieser Zeit keine Knochen zu fressen, da sie zusätzlich das Zahnfleisch reizen oder verletzen können.

Betupfen Sie das entzündete Zahnfleisch mit Dental-Can-Lösung oder mit verdünnter Calendula-Essenz. Geben Sie dem Tier zusätzlich 1mal täglich 1 Belladonna-Injeel-Trinkampulle.
Ebenfalls sehr bewährt hat sich die lokale Behandlung mit Melaleuka-Lösung; sie brennt nicht, ist allerdings äußerst geruchsintensiv und wird deshalb manchmal von Hunden abgelehnt.

● Naturheilmittel
Ist das Zahnfleisch schmerzempfindlich, bekommt der Hund Phytolacca-Injeel-Trinkampullen und Traumeel-Tabletten. Sie können die Zahnleiste auch mit Traumeel betupfen; es brennt nicht, da es keinen Alkohol enthält. Träufeln Sie dazu den In-

halt einer Ampulle auf ein mit Watte umwickeltes Stäbchen.
Stinkt der Hund auffällig aus dem Maul, geben Sie ihm Kreosot-Injeel- oder Mercurius-Injeel-Trinkampullen.

● Bach-Blüten
Ist Ihr Hund aufgrund der Entzündung abgeschlagen und lustlos, helfen Hornbeam und Mustard.

Wann zum Therapeuten?

Wenn sich trotz Ihrer Therapie der Allgemeinzustand des Tieres verändert und wenn die Selbsttherapie nach 14 Tagen immer noch erfolglos bleibt, sollten Sie Ihren Hund zu einem Therapeuten bringen.

Welche Therapiemaßnahmen beim Therapeuten?

Der Therapeut wird erst abklären, ob ein eitriger Zahn als Entzündungsherd in Frage kommt und Sie ggf. an einen Tierarzt verweisen, der diesen Zahn zieht. Zur Narkosevor- und -nachsorge wird der Therapeut Naturheilmittel einsetzen.
Zur Verbesserung der Gesamtverfassung des Tieres und zur Behandlung von Stoffwechselproblemen wird er homöopathische Einzelmittel verschreiben. Mit Hilfe der Nosodentherapie wird er Toxine aus dem Körper ausleiten. Ist die Ursache Zahnstein, wird er diesen entfernen.

Vor- und Nachsorge

Inspizieren und reinigen Sie regelmäßig die Zähne.

Rasse-Dispositionen

Zahnfleischentzündungen treten bevorzugt bei Zwergrassen auf.

3

Zahnstein

Ungefähr 80 Prozent der Hunde leiden irgendwann im Laufe ihres Lebens an Ablagerungen an den Zähnen.

Krankheitsbild

Es bilden sich an den Zahnansätzen weißlich-gelbe bis braune Kalkablagerungen, die sich bis unter das Zahnfleisch schieben können. Als Folge dieses Zahnsteins kommt es zu Zahnfleischentzündungen, Maulgestank, Karies oder Parodontose.

Ursachen

Zahnstein ist meist eine Folge mangelnder Hygiene. Nahrungsreste an den Zähnen können mit der Zeit zu Zahnstein verhärten. Die Rückstände können die Folge einer Fehlernährung sein, etwa von zu klein geschnittenem Futter.
Auch eine erbliche Veranlagung kann vermehrte oder chronische Zahnsteinbildung verursachen.

Selbstmaßnahmen

Wichtig: Vergessen Sie bei der Pflege des Hundes nicht die Zähne! Zur Reinigung →Seite 109.

Zur Entfernung von Nahrungsresten an und zwischen den Zähnen hilft ein abendlich gegebener harter Hundekuchen oder auch ab und zu ein Kalbsknochen. Wenn Ihr Hund zu Verstopfung neigt, dürfen Sie keinen Knochen geben.
Hat sich bereits Zahnstein gebildet und ist dieser noch nicht zu hart, so können Sie ihn vorsichtig mit dem Fingernagel abkratzen.

Wann zum Therapeuten?

Sehr hartnäckigen Zahnsteinbelag sollten Sie von einem Therapeuten entfernen lassen.
Ein Besuch beim Therapeuten ist auch angesagt, wenn Sie bei der Inspektion des Maules Rötungen oder Verdickungen des Zahnfleisches feststellen.

Welche Therapiemaßnahmen beim Therapeuten?

Meist ist es nötig, den Zahnstein unter einer leichten Narkose zu entfernen. Mit homöopathischen Einzelmitteln kann die Zahnsituation verbessert werden.

Vor- und Nachsorge

Zur Reinigung des Gebißes →Seite 109. Geben Sie hin und wieder einen harten Hundekuchen und sorgen Sie für eine artgerechte Ernährung (→Seite 14). Dazu gehört auch, daß das Fleisch nicht zu klein geschnitten ist.
Wenn das Zahnfleisch durch den Zahnstein entzündet ist, betupfen Sie die Zahnleiste mit Dental-Can-Lösung.

Maulgestank

Am häufigsten tritt Maulgestank als Folge von Zahnsteinablagerungen auf. Aber auch Stoffwechselstörungen können die Ursache sein.

Krankheitsbild

Der Hund riecht unangenehm aus dem Maul. Der Geruch variiert je nach Ursache (siehe unten).
Als Folge schmerzempfindlicher Stellen im Maul oder schwerer Stoffwechsel- oder Organerkrankungen hat der Hund keinen Appetit.

Ursachen

Maulgestank kann verschiedene Ursachen haben, die sich zum Teil in einem ganz spezifischen Geruch äußern.

Ist die Ursache	so ist der Maulgestank
Zahnstein/Zahnfleisch-entzündung	übel
ein eitriger Zahn	übel
Mandelentzündung	übel
Nierenfunktionsstörung	urinartig
Zuckerkrankheit	obstartig
Tumor im Fangbereich	faulig

Zusätzlich können noch verschiedene Begleiterscheinungen auftreten. Wird die Ursache nicht behandelt, können sich fortgeschrittene Entzündungen, Urämie und diabetisches Koma entwickeln.

Selbstmaßnahmen

Wichtig: Suchen Sie unverzüglich einen Therapeuten auf, wenn Sie bei Ihrem Hund einen spezifischen urin- oder obstartigen Geruch aus dem Fang feststellen. Unterlassen Sie in diesen Fällen jede Eigentherapie!

Verwenden Sie zur Therapie des Maulgestanks keine Medikamente in Tropfenform; da diese mit Alkohol versetzt sind, können sie bei Entzündungen im Maul unangenehm brennen, so daß sich das Tier gegen die Verabreichung wehrt.
Ist die Ursache des Maulgestanks Zahnstein, →Seite 50. Ist das Zahnfleisch gerötet und entzündet, →Seite 48.

Wann zum Therapeuten?

Bei obst- oder urinartigem Maulgestank ist ein Besuch beim Therapeuten notwendig; er ist sinnvoll, wenn sich der Maulgestank trotz Ihrer Therapie nach 1 Woche nicht verändert hat. Dann ist davon auszugehen, daß Stoffwechselstörungen vorliegen.

Welche Therapiemaßnahmen beim Therapeuten?

Zur Regulierung von Stoffwechselvorgängen oder zur Anregung der körpereigenen Abwehr wird die Klassische Homöopathie angewandt.
Die Nosodentherapie wird zum Einsatz kommen, um Toxine aus dem Körper auszuleiten.

Vor- und Nachsorge

Ein abends verabreichter harter Hundekeks dient nicht nur als Betthupferl, sondern auch zum Reinigen der Zähne.
Inspizieren Sie ab und zu die Maulhöhle, um beginnenden Zahnstein oder auch Entzündungen im Maul rechtzeitig festzustellen.

Mandelentzündung

Meist tritt diese Erkrankung bei jungen oder alten Hunden auf.

Krankheitsbild

Mandelentzündung äußert sich durch erschwertes Schlucken. Der Hund frißt oder trinkt nur zögerlich. Zusätzlich stellt man vermehrtes Speicheln, Gähnen, Maulgestank sowie Kratzen am Kopf und Maul fest; der Hund läßt sich zu nichts motivieren. Die Körpertemperatur kann bis auf 42° ansteigen, dann ist der Hund stark benommen.

Ursachen

Mandelentzündung kann von <u>Bakterien</u> verursacht werden. Sie kann aber auch als Begleiterscheinung einer <u>Virusinfektion</u> auftreten.

Selbstmaßnahmen

Gönnen Sie Ihrem Tier unbedingt <u>Ruhe</u>! Es sollte nur zum Urin- und Kotabsatz hinausgehen.

● Naturheilmittel

Geben Sie ihm Lymphomyosot-Tropfen. Bei Fieber über 39° verabreichen Sie zusätzlich 1mal täglich Febrisal-Tropfen.
Zur Dosierung →vordere Umschlagseite.

● Bach–Blüten

Wenn das Tier infolge der Erkrankung unmotiviert und lustlos erscheint, geben Sie ihm Hornbeam.

Wann zum Therapeuten?

Sie sollten einen Therapeuten aufsuchen, wenn sich die Symptomatik und das Fieber nach 3 Tagen nicht normalisiert haben.

Welche Therapiemaßnahmen beim Therapeuten?

Der Therapeut wird mit homöopathischen Einzelmitteln den Entzündungsvorgang regulieren und die körpereigene Abwehr anregen. Die Nosodentherapie wird er einsetzen, um spezifische Toxine aus dem Körper auszuleiten.
Zur Unterstützung des Heilungsprozesses werden Sie in die Technik der Farbtherapie eingewiesen.

Vor- und Nachsorge

Lassen Sie Ihren Hund kein eiskaltes Trinkwasser und nicht aus abgestandenen Pfützen trinken.

Erbrechen

Erbrechen, etwa nach Gras- oder Haarefressen, stellt meist eine »Selbstentgiftung« des Organismus dar. Bei gehäuftem Erbrechen liegt oft eine echte Erkrankung zugrunde; dann sollte unbedingt nach der Primärursache gefahndet werden.

Wichtig: Bei langanhaltendem Erbrechen kann es zum Flüssigkeitsverlust kommen; dadurch können der Kreislauf und der Mineralstoffhaushalt Schaden nehmen. Achten Sie darauf, daß der Hund genug Flüssigkeit zu sich nimmt!

Krankheitsbild

Der Hund würgt den Inhalt seines Magens aus. Er nimmt dabei meist eine steife Körperhaltung mit gestrecktem Kopf ein.
A) Die Nahrung oder Flüssigkeit (etwa Milch) wird sofort oder auch kurz nach der Aufnahme unverdaut wieder erbrochen. In manchen Fällen fressen die Tiere das Erbrochene gleich wieder auf.
B) Der Hund erbricht während des <u>Autofahrens</u>.
C) Das Erbrochene riecht intensiv nach <u>Knoblauch</u>.
D) Dem Erbrochenen ist <u>hellrotes Blut</u> beigemengt.
E) Der Hund erbricht meist <u>frühmorgens</u> auf nüchternen Magen; das Erbrochene ist gelblichschleimig.

Achten Sie unbedingt auf den Zeitpunkt des Erbrechens (zum Beispiel kurz nach dem Fressen) sowie auf Farbe und Konsistenz des Erbrochenen.

Wichtig: Wenn das Erbrechen zusammen mit vergeblichen Versuchen, Kot abzusetzen (der meist nur tröpfchenweise abgeht), auftritt, besteht der dringende Verdacht auf eine <u>Magendrehung</u>. Da hier Lebensgefahr besteht, sollten Sie Ihren Hund <u>sofort in eine Klinik</u> bringen, weil eine Operation notwendig sein kann!

Ursachen

A) Der Hund hat zu schnell oder zu gierig gefressen. Erbrechen von Milch oder nach Medikamenteneinnahme kann eine Unverträglichkeit der Substanzen signalisieren. Erbrechen kann auch ein Versuch des Körpers sein, Toxine, etwa von verdorbener Nahrung, loszuwerden.

B) Der Hund verträgt das »Schaukeln« während des Autofahrens nicht, oder er hat Angst vor dem Autofahren. Auch psychischer Streß kann eine Rolle spielen.

C) Der Knoblauchgeruch des Erbrochenen deutet auf eine Phosphorvergiftung durch Rattengift oder Insektenvernichtungsmittel hin.

D) Das Blut stammt meist von Verletzungen in Schlund, Maulhöhle oder Speiseröhre durch Knochensplitter oder Fremdkörper.

E) Das gelblich-schleimige Erbrochene deutet auf eine Stoffwechselstörung von Leber und Galle mit Gastritis hin.

Andererseits kann die Ursache für Erbrechen auch in schwerwiegenden Organstörungen liegen wie Gebärmuttervereiterung, Urämie, Darmverschluß, Vergiftungen, Gelbsucht oder Gehirnerschütterung sowie Nierenerkrankungen. Auch Maul- oder Rachenentzündungen, Tumore, Geschwüre, Bauchspeicheldrüsen- oder Nebennierenerkrankungen sowie Diabetes können Erbrechen auslösen.

Als Begleiterscheinung kann Erbrechen auch bei Infektionskrankheiten wie Staupe oder Parvovirose und bei starkem Wurmbefall auftreten.

Ebenso kann sich Ihre Hündin während einer Trächtigkeit oder Scheinträchtigkeit übergeben müssen.

Selbstmaßnahmen

Wichtig: In den Fällen C) und D) sollten Sie sofort zum Tierarzt gehen! Bei Verdacht auf eine Magendrehung müssen Sie sofort in eine Klinik!

In den anderen Fällen verabreichen Sie dem Tier eine Diät speziell für Magen-Darmerkrankungen (→Seite 110).

Überanstrengen Sie das Tier in dieser Zeit nicht.

B) Geben Sie dem Tier 30 Minuten vor Antritt der Fahrt Rescue-Tropfen und zusätzlich Cocculus-Hcc., von beiden Mitteln einmalig 5 bis 10 Tropfen. Sollte es nötig sein, wiederholen Sie die Gabe während der Fahrt nochmals.

● **Naturheilmittel**

Verabreichen Sie Vomisal-Tropfen und Gastricumeel-Tabletten. Zur Dosierung →vordere Umschlagseite.

● **Bach–Blüten**

Zur Unterstützung Ihrer Therapie verabreichen Sie Ihrem Hund Crab Apple. Ist er als Folge des Erbrechens müde und schlapp, geben Sie ihm Hornbeam.

Wann zum Therapeuten?

Sie sollten zum Therapeuten gehen, wenn das Erbrechen trotz Ihrer Behandlung länger als 2 Tage unverändert anhält bzw. wenn die Therapie nach der 3. Fahrt immer noch nicht anspricht.

Wichtig: Wenn Ihnen neben dem gehäuften Erbrechen noch andere Symptome wie Müdigkeit, Fieber, Appetitlosigkeit, Durchfall, Verstopfung, Blutspuren im Erbrochenen oder der typische Knoblauchgeruch auffallen, ist es ratsam, sofort zum Therapeuten zu gehen.

Welche Therapiemaßnahmen beim Therapeuten?

Der Therapeut wird die Ursache abklären und Sie ggf. an einen Tierarzt oder in eine Klinik verweisen.

Ist dies nicht nötig, wird er mit homöopathischen Einzelmitteln die Stoffwechselsituation und Gesamtverfassung Ihres Hundes regulieren. Zur spezifischen Entgiftung wird die Nosodentherapie zum Einsatz kommen.

Zur Unterstützung der Behandlung werden Sie in die Technik der Farbtherapie eingewiesen.

Zur Behandlung der Fahrkrankheit wird der Therapeut dem Tier ein mildes, pflanzliches Beruhigungsmittel geben, das es nicht lahmlegt und das auch keine negativen Nachwirkungen hat.

Vor- und Nachsorge

Sorgen Sie dafür, daß Ihr Hund beim Fressen Ruhe hat und durch nichts abgelenkt oder irritiert wird. Als Nachsorge verabreichen Sie Mucosa comp.-Trinkampullen 2mal wöchentlich, um die Schleimhaut der betroffenen Verdauungsorgane wieder aufzubauen.

Geben Sie dem Hund vor einer geplanten Fahrt nichts zu fressen!

Gewöhnen Sie das Tier langsam und mit kurzen Fahrten an den Zustand des Mitfahrens. Unternehmen Sie die ersten Fahrten zu Zielen, die das Tier mit positiven Erlebnissen verbindet.

Magenschleimhautentzündung

Die Magenschleimhautentzündung oder Gastritis ist eine der am häufigsten auftretenden Erkrankungen im Magen-Darmbereich eines Hundes.

Krankheitsbild

Der Hund erbricht morgens nüchtern gelblichen Schleim ohne Futterreste. Der Allgemeinzustand ist selten betroffen, allerdings zeigt das Tier nur bedingt Appetit; es frißt häufig Gras und stößt oft auf. Die Zunge kann grau-schmutzig belegt sein, das Tier hat vermehrt Durst, speichelt manchmal und kann auch mit den Gliedern zittern.

Wenn Durchfall oder regelmäßiges Erbrechen über einen längeren Zeitraum auftreten, liegt häufig ein chronisches Magenleiden vor.

Ursachen

Häufige Ursachen für eine Magenschleimhautentzündung sind verdorbenes Futter, Vergiftungen, Streß oder toxische Belastungen der Magenschleimhaut. Im Winter kommt sie öfter vor, wenn die Hunde Schnee gefressen haben. Aber auch zu heißes oder zu kaltes Futter sowie das Ablecken von scharfen Chemikalien kann eine Gastritis auslösen.

Als Begleiterscheinung tritt sie bei Herzinsuffizienz, Lebererkrankungen, Infektionskrankheiten wie Staupe oder Leptospirose auf. Auch im Verlauf einer Urämie kommt es zu dieser Symptomatik.

Durch Schlecken an einer eitrigen Erkrankung kann die Magenschleimhaut ebenfalls gereizt werden.

Selbstmaßnahmen

Verhindern Sie, daß Ihr Hund an eitrigen Wunden sowie an Chemikalien leckt, die Sie aus irgendeinem Grund an das Fell gebracht haben.

Kontrollieren Sie die Haltbarkeit von Dosen- oder Trockenfutter.

Gönnen Sie Ihrem Tier Ruhe, wenn es etwa durch sportliche Aktivitäten zu sehr unter Streß steht.

Hindern Sie Ihren Hund daran, daß er im Winter Schnee frißt.

Überprüfen Sie die Temperatur des verabreichten Futters.

Bereiten Sie eine spezielle Diät zu (→Seite 110).

Wichtig: Sie sollten das Tier jetzt nicht überstrapazieren.

● Naturheilmittel

Geben Sie dem Hund Gastricumeel-Tabletten oder Cosmochema Magen-Darm-Tropfen. Nach Besserung der Symptomatik geben Sie zum Aufbau der Schleimhaut 2mal wöchentlich Mucosa comp.-Trinkampullen.

● Bach–Blüten

Wirkt das Tier infolge der Erkrankung traurig oder deprimiert, geben Sie Hornbeam und Mustard, zur inneren Reinigung Crab Apple.

Wann zum Therapeuten?

Wenn sich die Symptomatik trotz Ihrer Therapie nach 3 Tagen nicht bessert, sollten Sie eine tieferliegende Ursache abklären lassen, damit die Magenschleimhautentzündung nicht chronisch wird.

Welche Therapiemaßnahmen beim Therapeuten?

Der Therapeut wird mit homöopathischen Einzelmitteln die Magenfunktion gezielt anregen. Mit Hilfe der Nosodentherapie können Toxine ausgeleitet werden.

Zur Unterstützung der Therapie werden Sie in die Farbtherapie eingewiesen.

Vor- und Nachsorge

Sorgen Sie immer dafür, daß das Futter richtig temperiert ist; verabreichen Sie Ihrem Hund überwiegend Frischfutter.

Verhindern Sie, daß das Tier Zugang zu Chemikalien hat.

Rasse-Dispositionen

Zu einer Überempfindlichkeit des Magens neigen vor allem Zwergrassen.

Lebererkrankungen

Die Leber ist das Zentralorgan des Stoffwechsels und eines der wichtigsten Entgiftungsorgane im Körper. Aus diesem Grund bleibt sie im Laufe eines Hundelebens nicht vor Krankheit bewahrt.

Wichtig: Die Alarm-Farbe bei Lebererkrankungen ist gelb. Speziell die Schleimhäute verfärben sich gelb!

Krankheitsbild

Zunächst läßt der Appetit des Hundes nach. Oft steht er vor dem Napf, wendet sich dann aber ab, als würde er sich vor dem Futter ekeln.

Auffällig ist auch, daß fast alle Tiere mit einem gestörten Leberstoffwechsel sog. »Nachtfresser« sind. Durch die Erkrankung ist die Leber nicht mehr in der Lage, ihren Aufgaben des Entgiftens und der Verdauung nachzukommen.

Zusätzlich sucht sich der Körper andere Wege, um die Toxine loszuwerden. Als Hilfs-Ausscheidungsorgane dienen dann Haut und Ohren. Deshalb kann eine Lebererkrankung auch von trockenen Ekzemen, Juckreiz, Schuppen sowie meist einer Ohrentzündung, die zunächst nur rechts auftritt, begleitet werden. Später kommt es zu einer auffallend dunklen Farbe des Urins, der Kot zeigt eine helle, grau-gelblich-lehmige Farbe. Es kommt zum Erbrechen von gelblichem Schleim mit nachfolgender Schwäche, Depression und Desinteresse.

3

Wichtig: Wenn das Augenweiß Ihres Hundes bereits gelb verfärbt ist, sollten Sie sofort einen Therapeuten aufsuchen, denn dann besteht schon eine fortgeschrittene Lebererkrankung.

Ursachen

Am häufigsten werden Lebererkrankungen von Substanzen verursacht, die in der Leber unschädlich gemacht und wieder ausgeschieden werden sollten, also allen Arten von Toxinen. Überwiegend werden diese Toxine mit dem Futter aufgenommen, aber auch Chemikalien gehören dazu.

Lebererkrankungen können auch von Störungen im Eiweiß-, Kohlehydrat- und Fettstoffwechsel ausgelöst werden.

Schwere Infektionskrankheiten können die Leber ebenso schädigen wie ein fortgeschrittenes Herzleiden oder ein massiver Wurmbefall.

Selbstmaßnahmen

Mit einer speziellen Diät (→Seite 111) können Sie die Leber zunächst am besten entlasten. Beginnen Sie damit, wenn die Ausscheidungen eine permanent gelbe Farbe annehmen. Ist Ihr Hund schon etwas betagter, sollten Sie diese Diät beibehalten, bei jungen Tieren entscheidet der Therapeut über die Dauer.

Wichtig: Fette und stark gewürzte Speisen streichen Sie bitte ganz vom Speiseplan Ihres Hundes, ebenso Schokolade!

● **Naturheilmittel**
Zur Verbesserung der Leberfunktion können Sie Hepeel-Tabletten, Lycopodium-Injeel-Trinkampullen, Cosmochema Leber-Galle-Tropfen oder auch Flor de Piedra D12-Tabletten verabreichen. Steht die Appetitlosigkeit mit Erbrechen und grauem Kot auffällig im Vordergrund, geben Sie Chelidonium-Injeel-Trinkampullen. Zur Dosierung →vordere Umschlagseite.

● **Bach–Blüten**
Geben Sie Ihrem Hund auf jeden Fall Crab Apple. Zusätzlich können Sie ihm Water Violet oder Vine reichen, wenn er einen mürrischen, unzugänglichen Eindruck macht, und Beech und Holly, wenn er aggressiv oder feindselig reagiert. Wird der Hund infolge der Erkrankung desinteressiert und schlapp, helfen ihm Olive und Hornbeam.

Wann zum Therapeuten?

Am besten wäre es, Sie würden den Therapeuten gleich aufsuchen, wenn sich bei Ihrem Tier eine Veränderung im Appetit bemerkbar macht, damit die Ursache abgeklärt werden kann.

Welche Therapiemaßnahmen beim Therapeuten?

Mit homöopathischen Einzelmitteln wird die Leberfunktion und die Grundverfassung des Tieres angeregt und reguliert. Die Zytoplasmatische Therapie dient zur Regeneration von Leberzellen, die bereits Schaden genommen haben.

Zur Unterstützung werden Sie in die Technik der Farbtherapie eingewiesen.

Vor– und Nachsorge

Mit einer artgerechten Ernährung (→Seite 14) sorgen Sie am besten vor, daß Ihr Hund wenigstens durch das Futter keinen Leberschaden bekommt. Zur Nachsorge geben Sie 1- bis 2mal pro Woche Hepar comp.-Trinkampullen.

Darmparasiten (Endoparasiten)

Es gibt unterschiedliche Arten von Parasiten im Darm, den sog. Würmern. Die häufigsten sind Band-, Spul-, Haken- und Peitschenwürmer.

Krankheitsbild

Darmparasiten verursachen einen Juckreiz am After, den der Hund durch Beißen in den Schwanz oder Knabbern am After zu lindern versucht. Dadurch können Entzündungen entstehen.

Je nach Wurmart können unterschiedliche Symptome auftreten:
A) Der Hund magert trotz guten Appetits ab. Hin und wieder hat er Durchfall. Zusätzlich erkennt man 5 bis 10 mm große, weißliche Rechtecke im Kot und um den After.
B) Der Hund magert ab, obwohl er ausreichend Futter erhält. Er hat Durchfall mit Blähungen, Erbrechen, später können eine Bronchitis oder Lungenentzündung dazukommen. Im Kot befinden sich 10 bis 15 cm lange, dünne Würmer.
C) Die Schleimhäute sind blaß. Der Hund hat einen blutigen Durchfall.
D) Der Hund ist sehr schwach. Wenn er Durchfall hat, kann dieser blutig sein.

Ursachen

A) Verursacher sind Bandwürmer, die vor allem durch den Verzehr von rohem, infiziertem Fleisch, aber auch durch Fressen von Ratten, Mäusen oder durch Flöhe übertragen werden.
B) Der Hund hat Spulwürmer, die er sich durch Fressen von rohem, infiziertem Fleisch zugezogen hat. Spulwürmer leben im Dünndarm des Hundes. Durch Einwandern in die Lunge können sie Bronchitis oder Lungenentzündung auslösen.

C) Der Grund sind Hakenwürmer, die in der Schleimhaut des Dünndarmes Blut saugen.
D) Ursache sind Peitschenwürmer, die Sie auch im Kot des Hundes entdecken können.

Außer durch rohes Fleisch kann ein Hund auch Würmer beim Spaziergang aufschnappen, wenn er an infizierten Hinterlassenschaften anderer Hunde herumschnuppert.

Selbstmaßnahmen

Wichtig: Lassen Sie regelmäßig 2mal im Jahr den Kot Ihres Hundes auf Wurmeier untersuchen. Wenn nötig, führen Sie eine biologische Entwurmung oder, bei massivem Wurmbefall, eine chemische Wurmkur durch.

Verläuft die Wurmuntersuchung negativ, sollten Sie auf keinen Fall vorsorglich eine Entwurmung durchführen. Sie belasten dadurch nur unnötig den Gesamtstoffwechsel.

● **Naturheilmittel**
Geben Sie dem Tier 10 Tage lang 1- bis 3mal täglich 5 bis 10 Tropfen Tanacet-Heel und im Anschluß daran 2mal wöchentlich Mucosa comp.-Trinkampullen für 14 Tage.

● **Bach-Blüten**
Wenn eine Entwurmung notwendig ist, können Sie diese mit Crab Apple unterstützen.

Wann zum Therapeuten?

Wenn Verdacht auf Würmer besteht, sollten Sie den Kot sofort untersuchen lassen.
Verlief die Wurmuntersuchung ohne Befund, der Durchfall oder das Erbrechen bessert sich aber trotz Ihrer Therapie nicht, sollten Sie ebenfalls zur Ursachenklärung zum Therapeuten gehen.

3

Welche Therapiemaßnahmen beim Therapeuten?

Bei positivem Befund wird der Therapeut eine biologische Wurmkur verordnen.

Mit Hilfe von homöopathischen Konstitutionsmitteln wird das Immunsystem des Tieres gestärkt, damit sich künftig keine Darmparasiten mehr ansiedeln können.

Vor- und Nachsorge

Lassen Sie 2mal im Jahr den Kot Ihres Hundes auf Würmer untersuchen!

Um zu vermeiden, daß sich Ihr Hund über roh verfüttertes Fleisch mit Würmern infiziert, sollten Sie das Fleisch immer erst einfrieren und dann aufgetaut verfüttern.

Lassen Sie Ihren Hund nicht allein streunen, sondern gehen Sie mit ihm mit, so daß Sie ihn beobachten können.

Durchfall

Durchfall ist keine Krankheit an sich, sondern ein Symptom, das anzeigt, daß im Körper Ihres Hundes etwas nicht in Ordnung ist. Es ist eines der häufigsten Symptome, die Sie im Laufe der Zeit bei Ihrem Hund feststellen werden. Vor allem Welpen und junge Hunde reagieren auf Ungewohntes schnell mit Durchfall.

Eine Durchfallerkrankung stellt in den meisten Fällen eine Entgiftungsreaktion des Körpers dar.

Wichtig: Wenn sich der Kotabsatz nach spätestens 3 Tagen nicht normalisiert hat, sollten Sie mit Ihrem Hund sofort einen Therapeuten aufsuchen, da dann eine schwerwiegende Organstörung die Ursache sein könnte.

Krankheitsbild

Die Konsistenz des Kotes ist bei Durchfall verändert. Sie reicht von wäßrig-herausschießend, schleimig-schaumig bis breiig-klebrig und kann mit unverdauten Nahrungsstücken durchsetzt sein. Die Farbe variiert von lehmfarben über gelb bis dunkel und schwarz. Manchmal kann der Kot auch mit Blut durchsetzt sein.

Achten Sie bitte unbedingt auf Konsistenz, Farbe und Geruch des Kotes; dies sind wichtige Hinweise für den Therapeuten bei einer eventuell notwendig werdenden Behandlung.

Gelegentlich bereitet der Kotabsatz dem Hund Schmerzen.

Meist wird Durchfall begleitet von Appetit- und Durstlosigkeit oder – umgekehrt – von großem Durst. Daneben können auch Erbrechen und Fieber auftreten. Aufgrund des Flüssigkeitsverlustes ist das Tier oft geschwächt und zeigt sich dann meist lustlos, desinteressiert oder auch apathisch. Bei gehäuften Durchfällen kann es zur Abmagerung und zu glanzlosem, struppigem Fell kommen.

Ursachen

Die häufigsten Ursachen für Durchfall sind Fütterungsfehler wie zuviel Milchprodukte, ungewohnte Nahrungszufuhr, zu schnelle Futterumstellung oder die ausschließliche Gabe von Trocken- oder Dosenfutter. Bei Fertigfutter kann der Körper des Hundes auf die zusätzlich darin enthaltenen chemischen Substanzen mit Durchfall reagieren.

Aber auch Streß, Aufregungen wie Freude, Ärger, Trauer, Trotz, Schock, Schreck oder Überanstrengung können Durchfall auslösen.

Als Folge einer Erkältung oder von Infektionskrankheiten kann ebenfalls Durchfall auftreten.

Wenn sich Verstopfung und Durchfall abwechseln, kann dies auf einen Mangel an Verdauungsenzymen im Darm oder eine Erkrankung der Bauchspeicheldrüse hindeuten. Bei den letztgenannten Ursachen gehört der Hund sofort in ärztliche Behandlung.

Selbstmaßnahmen

Geben Sie Ihrem Hund am 1. Tag keine feste Nahrung, sondern nur Wasser. Am nächsten Tag beginnen Sie mit einer speziellen Magen-Darmdiät (→Seite 110), die Sie solange geben sollten, bis der Kot wieder eine normale Konsistenz hat.

Sie sollten Ihren Hund in dieser Zeit nicht überanstrengen und ihn in den Sommermonaten nicht zu großer Hitze aussetzen.

Wichtig: Verabreichen Sie keine Kohletabletten, da dadurch die körpereigene Entgiftungsmaßnahme abgeblockt wird und die Toxine im Körper verbleiben.

Sorgen Sie dafür, daß das Tier genügend Flüssigkeit erhält, denn durch den Flüssigkeitsverlust können der Kreislauf und der Mineralstoffhaushalt Schaden nehmen; dünner schwarzer Tee ist meist gut geeignet. Wenn Ihr Hund nicht selbst trinken will, geben Sie die Flüssigkeit mittels Spritze direkt in das Maul ein (→Seite 106).

● **Naturheilmittel**

Für die Behandlung eines wäßrigen Durchfalls geben Sie Ihrem Hund 3mal täglich 1 bis 2 Kapseln Perenterol, bis sich die Kotkonsistenz normalisiert hat. Ist der Durchfall breiig, geben Sie Ihrem Hund halbstündlich 1 Tablette Diarrheel. Speziell bei reißwasserähnlichen Durchfällen verabreichen Sie Ihrem Hund 2mal am Tag 5 Tropfen Dysenteral. Zur Dosierung →vordere Umschlagseite.

● **Bach–Blüten**

Bei allen Arten von Durchfall eignet sich Crab Apple, von dem Sie 3mal täglich 5 Tropfen verabreichen.

In manchen Fällen kommt es in Folge des Durchfalls zu Verhaltensänderungen bei Ihrem Hund.

Reagiert er	geben Sie ihm
ängstlich, unruhig, zitternd	Aspen
desinteressiert und antriebsarm	Clematis
müde, abgespannt, erschöpft	Hornbeam
erschöpft und energielos	Olive
apathisch	Wild Rose

Wann zum Therapeuten?

Sie sollten auf alle Fälle zum Therapeuten gehen, wenn der Durchfall trotz Ihrer Behandlung länger als 3 Tage andauert.

Wichtig: Ihr Hund gehört sofort in ärztliche Behandlung, wenn dem Kot dunkles Blut beigemengt ist, der Hund gleichzeitig erbricht und sich im Erbrochenen Blut oder Schaum befindet, da dann die Gefahr einer Vergiftung besteht.

3

Welche Therapiemaßnahmen beim Therapeuten?

Der Therapeut wird Ihrem Hund ein homöopathisches Einzelmittel verschreiben, das spezifisch die vorliegende Durchfallerkrankung heilt sowie – wenn nötig – den Kreislauf stabilisiert.

Um krankheitsauslösende Toxine aus dem Körper auszuleiten, wird er die Nosoden einsetzen.

Vor- und Nachsorge

Die beste eigene Vorsorge bei Durchfall ist eine artgerechte Ernährung (→Seite 14).

Lassen Sie wenigstens 2mal pro Jahr den Kot auf Würmer untersuchen (→Seite 8).

Lassen Sie Ihren Hund nicht aus Pfützen abgestandenes Wasser trinken.

Ist der Durchfall auf Fütterungsfehler zurückzuführen, stellen Sie das Futter nicht von heute auf morgen um, denn durch eine spontane andere Ernährung kann ebenfalls ein Durchfall ausgelöst werden – und Sie meinen dann vielleicht, Ihr Hund verträgt auch das »neue« Futter nicht.

Überfordern Sie Ihren Hund nicht, weder physisch noch psychisch.

Hat sich der Kot wieder normalisiert, bieten Sie Ihrem Hund ein paar Tage lang öfter kleinere Mahlzeiten an mit nur geringem Fleischanteil, bis sich die Darmflora wieder ganz regeneriert hat.

Den Aufbau der Darmschleimhaut können Sie unterstützen, indem Sie eine Woche lang Mucosa comp.-Trinkampullen (jeden 2. Tag 1/2 Ampulle) verabreichen.

Verstopfung

Verstopfung ist meist durch verhärteten Kot bedingt. In seltenen Fällen ist der Kotabsatz erschwert, obwohl der Stuhl weich (!) ist.

Krankheitsbild

Der Hund zeigt keinen oder nur wenig Kotabsatz von harten Kotstücken. Manchmal winselt er, da ihm der Kotabsatz Schmerzen bereitet. Der Hund versucht häufig, aber erfolglos, Kot abzusetzen. Dieser Zustand kann Tage anhalten, wenn Sie nichts dagegen unternehmen.

Manchmal gelingt es dem Tier, nur tröpfchenweise flüssigen Kot abzusetzen, der auch mit Schleim oder Blut durchzogen sein kann (aber nicht verwechseln mit Durchfall, →Seite 58).

Als Folge einer Verstopfung kann der Bauch aufgetrieben sein, oft ist er dann steinhart. Afterentzündungen können sich aufgrund des harten, langen Pressens einstellen.

Ohne Therapie kann der Hund apathisch werden, manchmal mit nachfolgendem Erbrechen. Die Darmschleimhäute können austrocknen. Weil die Stoffwechselprodukte, die sonst mit dem Kot ausgeschieden werden, zu lange im Körper verbleiben, kann es zu einer Selbstvergiftung des Organismus kommen, die über eine Bauchfellentzündung zum Tod führen kann!

Ursachen

Häufige Ursache einer Verstopfung sind Fütterungsfehler (zuviel Knochen, zu wenig Ballaststoffe, die alleinige Gabe von Trockenfutter, aber zu wenig Flüssigkeit) oder mangelnde Bewegung, denn Bewegung regt die Verdauung an.

Auch <u>Schmerzen im Analbereich</u>, Vergiftungen, eine Medikamentenüberlastung oder eine Sekretionsstörung des Darms können die Ursache sein.

<u>Mechanische Gründe</u> wie eine Darmverschlingung oder ein verschluckter Fremdkörper, aber auch Darmverschluß, -lähmungen, -divertikel, -Tumore sowie ein Eingeweidebruch können eine Verstopfung auslösen.

Ebenso kann sie als Folge der Dackellähme (→Seite 87) oder von Skeletterkrankungen im Hüftbereich auftreten.

Selbstmaßnahmen

Wichtig: Füttern Sie keine Knochen und kein pures Fleisch oder Innereien, wenn Ihr Hund zu hartem Kot neigt.

Reduzieren Sie den Anteil an Reis im Futter, denn Reis stopft zusätzlich. Gestalten Sie das Futter eher suppig und geben Sie Kleie und etwas Distelöl dazu.

Gewähren Sie Ihrem Tier mehr Auslauf.

● Naturheilmittel

Versuchen Sie, die Verdauung wieder in Gang zu bringen mit Nux vomica-Hcc.-Tropfen, Rumisal-Tropfen oder Heelax-Dragees. Zur Dosierung →vordere Umschlagseite.

Wann zum Therapeuten?

Sie sollten auf jeden Fall einen Therapeuten konsultieren, wenn sich der Kotabsatz Ihres Hundes trotz Ihrer Behandlung am nächsten Tag nicht normalisiert hat, das Tier teilnahmslos wird, keinen Appetit hat oder zusätzlich erbricht, da dann ein Darmverschluß vorliegen kann.

Auch bei einer Verstopfung, die sicher nicht auf Fehlernährung, Verfütterung zu großer Mengen an Knochen und ungenügenden Auslauf zurückzuführen ist, sollten Sie zum Therapeuten gehen. Das trifft auch zu, wenn dem Tier zusätzlich auch das Aufstehen und Gehen schwerfällt.

Welche Therapiemaßnahmen beim Therapeuten?

Der Therapeut wird homöopathische Einzelmittel zur Regulierung des Stoffwechsels oder des Gesamtorganismus verschreiben. Mit Hilfe der Nosodentherapie wird er den Körper des Hundes entgiften. Auch die Laser-Akupunktur kann bei Vorliegen einer Gelenkbeteiligung (etwa Dackellähme) zum Einsatz kommen.

Zur Unterstützung seiner Behandlung wird Sie der Therapeut in die Technik der Farbtherapie und ggf. der Akupressur einweisen.

Sollte ein Fremdkörper die Ursache sein, werden Sie an einen Tierarzt oder in eine Tierklinik verwiesen, wo dieser dann entfernt wird.

Vor– und Nachsorge

Verfüttern Sie keine Knochen, wenn Ihr Hund danach Probleme beim Kotabsatz hat.

3

Erkrankungen der Harnwegs- und Geschlechtsorgane

Harnträufeln

Unter Harnträufeln versteht man den unwillkürlichen Abgang von Harntröpfchen bis zu richtigen Harnlachen.

Krankheitsbild

Unbemerkt vom Tier läuft Harn – meist beim Liegen – aus der Harnröhre. In der Anfangsphase tropft der Harn nur, dies kann sich steigern über chronisches Harnträufeln bis hin zum Abgang von größeren Mengen Harns.
Wenn keine Entzündung der Harnwege vorliegt, hat der Hund keine Schmerzen.

Ursachen

Harnträufeln kann durch altersbedingte nervlich-motorische Störungen hervorgerufen werden. Auch eine Entzündung der Harnwege kann die Ursache sein.
Nach einer Kastration oder Verletzung kann es ebenfalls zum unwillkürlichen Harnabsatz kommen.

Selbstmaßnahmen

Wichtig: Sorgen Sie dafür, daß Ihr Hund nicht zusätzlich auf kaltem Boden liegt.

● **Naturheilmittel**
Geben Sie dem Tier 3mal pro Tag 1 Tablette Cantharis D12.

Wann zum Therapeuten?

Sie sollten einen Therapeuten aufsuchen, wenn Ihre Therapie nach 14 Tagen noch zu keiner deutlichen Besserung geführt hat.

Welche Therapiemaßnahmen beim Therapeuten?

Der Therapeut wird mit homöopathischen Einzelmitteln regulierend auf verschiedene Organfunktionen einwirken. Mit Hilfe der Nosodentherapie wird er den Körper belastende Toxine ausleiten.
Zur Unterstützung der Behandlung wird er Sie in die Farbtherapie oder Akupressur einweisen.

Vor- und Nachsorge

Achten Sie generell darauf, daß Ihr Hund nicht auf kaltem Boden liegt.
Lassen Sie Ihr Tier nur kastrieren, wenn es einen triftigen organischen Grund gibt (→Seite 97).

Vorhautkatarrh

Vorhautkatarrh, eine eigentlich harmlose Erkrankung, ist für den Tierhalter unangenehm, weil das Tier permanent aus dem Penis tropft.

Krankheitsbild

Aus dem Penis tropft unwillkürlich eine meist mild-rahmartige, gelbliche Flüssigkeit, anfangs nur selten tröpfchenweise bei Bewegung, später auch im Liegen. Der Hund beleckt vermehrt seinen Penis.

In manchen Fällen kann der <u>Ausfluß</u> auch dick-mild-gelbgrün-geruchlos oder dünn-wundma-chend-stinkend werden.

Bei Nichtbehandlung kann der Vorhautkatarrh chronisch werden und ist dann meist sehr schlecht zu heilen.

Ursachen

In den meisten Fällen wird Vorhautkatarrh von <u>Bakterien</u> ausgelöst, die das Penisumfeld besiedeln. Weitere Ursachen können <u>zu lange Haare am Penis</u> sein, die sich in die Penisspitze einziehen und dort zu Reizungen der Schleimhäute führen, oder <u>mangelnde Reinigung</u> des Penis.

Selbstmaßnahmen

Spülen Sie mittels einer 10 ml-Einmalspritze ohne Kanüle den Bereich zwischen Vorhaut und Penisspitze mit verdünnter Calendula-Essenz. Dazu muß sich der Hund auf die Seite legen. Stellen Sie dann ein flaches Gefäß unter seinen Penis. Spritzen Sie die Flüssigkeit langsam zwischen Vorhaut und Penisspitze. Halten Sie die Öffnung zu und massieren Sie die Flüssigkeit vorsichtig nach hinten. Dann lassen Sie die Essenz in das bereitstehende Gefäß laufen. Die vorher klare Flüssigkeit ist jetzt milchig-trüb durch Bakterien. Diese schwemmen Sie durch die Spülung aus.

Wiederholen Sie den Vorgang. Diese Behandlung sollten Sie 2mal täglich durchführen.

● **Naturheilmittel**

Innerlich hat sich die Gabe von Pulsatilla-Injeel-Trinkampullen bewährt, die Sie 1mal täglich für 1 Woche verabreichen.

● **Bach-Blüten**

Geben Sie dem Tier Crab Apple zur Unterstützung der Therapie.

Wann zum Therapeuten?

Sie sollten auf alle Fälle einen Therapeuten aufsuchen, wenn sich der Ausfluß trotz der Spülungen und Heilmittel nach ungefähr 14 Tagen nicht deutlich gebessert hat. Wenn sich der Ausfluß in Farbe oder Konsistenz verändert, das heißt klar wird oder Blutbeimengungen enthält, sollten Sie ebenfalls zu einem Therapeuten gehen.

Welche Therapiemaßnahmen beim Therapeuten?

Der Therapeut wird zuerst eine Spülung mit einem anderen bakterienabtötenden Mittel vornehmen. Zusätzlich wird er homöopathische Einzelmittel einsetzen, um die körpereigene Abwehr des Hundes zu stabilisieren und eventuelle Entzündungen zu beheben.

Eine organische Ursache wird er mit spezifischen Naturheilmitteln behandeln, mit Hilfe der Nosoden wird er Toxine aus dem Körper ausleiten.

Zur Unterstützung der Behandlung werden Sie in die Technik der Farbtherapie eingewiesen.

Vor- und Nachsorge

Reinigen Sie nach dem Spaziergang den Penis mit lauwarmem Wasser. Kürzen Sie zu lange Haare an der Penisspitze, damit sie sich nicht einziehen können.

Lassen Sie Ihren Hund speziell im Frühjahr und Herbst nicht zu lange im Gras liegen, weil dann manche krankheitsauslösende Bakterien vermehrt vorkommen.

4

Blasenentzündung

Eine Blasenentzündung äußert sich meist in verändertem Harnabsatz. Unbehandelt kann sie chronisch werden.

Krankheitsbild

Der Hund muß häufiger nach draußen, kann aber oft nur geringe Mengen Urins lassen. Der Urin selbst kann milchig bis gelb, manchmal blutig sein. Oftmals ist der Harnabsatz für das Tier schmerzhaft. Als Begleiterscheinung können Fieber, Mattigkeit, Appetitlosigkeit und Erbrechen auftreten.

Ursachen

Hauptursache für eine Blasenentzündung sind Nässe und Kälte, denen der Hund ausgesetzt ist, sowie das ständige Liegen auf kaltem Boden.
Beim Wälzen im Gras oder auf dem Boden können Bakterien über den Penis in die Harnröhre eindringen und dort eine Entzündung verursachen.
Wenn Hunde häufig zu lange darauf warten müssen, daß jemand mit ihnen hinausgeht, entsteht in der Blase ein Stau, der zu Harnzwang führen kann; dieser kann ebenfalls eine Blasenentzündung zur Folge haben.

Selbstmaßnahmen

Wichtig: Bei Blasenentzündung ist auf jeden Fall Wärme und Ruhe für Ihren Hund angesagt!

● **Naturheilmittel**
Hat Ihr Hund beim Harnabsatz krampfartige Schmerzen, geben Sie ihm Spascupreel-Tabletten, ist der Harn mit hellrotem Blut durchzogen, verabreichen Sie ihm eine Mischung aus den Tropfen Berberis D12 und Cantharis D12. Zur Dosierung →vordere Umschlagseite.

Um die Nieren vor einer aufsteigenden Infektion zu schützen, bekommt der Hund 2mal wöchentlich Solidago comp.-Trinkampullen.

● **Bach–Blüten**
Wird der Hund infolge der Erkrankung lustlos, helfen Sie ihm mit Hornbeam und Olive.

Wann zum Therapeuten?

Wenn sich trotz der Therapie die Blasenentzündung nach 2 Tagen nicht bessert oder wenn sich der angeschlagene Allgemeinzustand des Hundes ausdehnt, sollten Sie zu einem Therapeuten gehen.

Welche Therapiemaßnahmen beim Therapeuten?

Mit homöopathischen Einzelmitteln wird der Therapeut die Infektion behandeln und das Immunsystem des Tieres verbessern. Nosoden werden zur spezifischen Ausleitung von Toxinen eingesetzt.
Sie werden in die Technik der Farbtherapie eingewiesen.

Vor– und Nachsorge

Achten Sie darauf, daß das Tier nicht unnötig Kälte und Nässe ausgesetzt ist.
Gehen Sie mit ihm regelmäßig spazieren, daß der Hund sein Geschäft verrichten kann.

Nierenerkrankungen

Man kann 3 Arten von Nierenerkrankungen unterscheiden, die Entzündung, die Degeneration und Nierensteine. Nierenerkrankungen treten relativ häufig auf beim Hund.

Krankheitsbild

A) Die *Nierenentzündung* (Nephritis) äußert sich mit <u>Fieber</u>, <u>Abgeschlagenheit</u>, <u>vermehrtem Durst</u> und gleichzeitig vermehrtem Harnabsatz, <u>nässenden Ekzemen</u>, Haarausfall und <u>Ohrentzündungen</u>, die bevorzugt links auftreten. Das Fell ist stumpf, das Augenweiß gerötet. Mit der Zeit stellen sich Appetitlosigkeit, ein Krummrücken und ein steifer Gang ein. Druck in der Nierengegend schmerzt. Manchmal kommt es auch zu Erbrechen und Durchfall. Der Urin hat meist eine dunkle Farbe, es kann auch Blut beigemengt sein.

Als Folge der im weiteren Krankheitsverlauf auftretenden verminderten Harnausscheidung bleiben harnpflichtige Substanzen im Körper, die dann zur Nierendegeneration und letztendlich zur Urämie führen können.

B) Kennzeichnend für eine *Nierendegeneration* (Nephrose) ist, daß der Hund abmagert, während sein Bauch auffallend dick ist (= <u>Bauchwassersucht</u>). Das Tier <u>trinkt vermehrt</u>, der Urin ist von milchiger Farbe, im fortgeschrittenen Stadium fällt ein <u>urinartiger Geruch aus dem Fang</u> auf.

Wichtig: Bei diesen Symptomen sollten Sie sofort einen Therapeuten konsultieren!

C) Unter *Nierensteinen* (Nephrolithiasis) leiden Rüden mehr als Hündinnen.

Sie führen zu <u>Schmerzen beim Harnabsatz</u>; der Harnstrahl tröpfelt nur oder wird plötzlich unterbrochen, um dann unvermittelt wieder einzusetzen. Der Urin kann blutig sein.

Ursachen

Nierenerkrankungen werden meist durch eine <u>toxische Überlastung</u> des Organismus ausgelöst als Folge einer akuten Mandelentzündung, Erkältung oder einer Zahnvereiterung.

Bei einer <u>Blasenentzündung</u> besteht die Gefahr, daß die Keime aus der Blase in die Niere aufsteigen und dort zur Infektion führen.

Auch überwiegend stark gewürzte Speisen, Trockenfutter oder Dosenfutter in Kombination mit zu wenig Flüssigkeit sowie eine zu fette oder eiweißreiche Ernährung (nur Fleischfütterung) oder massive Gaben von Chemikalien können die Nieren ebenfalls schädigen.

Auch eine <u>Fehlfunktion der Nebenschilddrüse</u> kann zu Beeinträchtigungen der Nieren führen.

Selbstmaßnahmen

Verabreichen Sie Ihrem Hund eine spezielle eiweißarme <u>Diät</u> (→Seite 111).

Geben Sie dem Tier wohldosiert frisches Wasser.

Gehen Sie öfter am Tag mit Ihrem Hund spazieren, damit er sich entleeren kann und damit es nicht zusätzlich zu einem Harn-Rückstau in die bereits belasteten Nieren kommt.

Wichtig: <u>Wärme</u> und <u>Ruhe</u> sind jetzt oberstes Gebot!

● Naturheilmittel

Mit Reneel-Tabletten können Sie die allgemeine Funktion der Nieren verbessern. Hat das Tier Schmerzen beim Harnabsatz, geben Sie Traumeel-Tabletten oder – bei krampfartigen Schmerzen – Spascupreel-Tabletten. Cantharis D12-Tabletten verabreichen Sie zusätzlich, wenn Sie hellrote Blutspuren im Harn feststellen. Geben Sie zur Verbesserung der Nierenzellsituation 2- bis 3mal wöchentlich Solidago comp.-Trinkampullen. Zur Dosierung →vordere Umschlagseite.

● Bach-Blüten

Wirkt das Tier aufgrund der Erkrankung müde und schlapp, geben Sie Hornbeam oder Olive, zur Reinigung hilft Crab Apple.

4

Wann zum Therapeuten?

Beim Krankheitsbild B) müssen Sie sofort zum Therapeuten.

Sie sollten einen Therapeuten aufsuchen, wenn sich trotz Ihrer Behandlung der Allgemeinzustand des Tieres nicht innerhalb von 5 Tagen stabilisiert oder wenn Fieber oder Erbrechen hinzukommen.

Welche Therapiemaßnahmen beim Therapeuten?

Der Therapeut wird homöopathische Einzelmittel zur Regulierung der Harnsituation und Nosoden zum Entgiften des Körpers einsetzen.

Bei einer Nephrose wird er mit Hilfe der Zytoplasmatischen Therapie die Nieren regenerieren.

Zur Unterstützung seiner Behandlung wird er Sie in die Technik der Farbtherapie einweisen.

Vor- und Nachsorge

Lassen Sie den Hund nie unnötig auf kalten Böden liegen. Sorgen Sie immer dafür, daß das Tier genügend zu trinken bekommt.

Vermehrter Geschlechtstrieb

Meist ist eine erbliche Veranlagung dafür verantwortlich, daß sich ein Hund – speziell Rüden – vermehrt für das andere Geschlecht interessiert.

Krankheitsbild

Vermehrter Geschlechtstrieb äußert sich bei Hunden, die im Haus oder in der Wohnung gehalten werden, daß sie immer wieder nach draußen drängen oder jaulen und winseln. Draußen können Rüden gar nicht genug bekommen vom Duft der Weibchen. Sobald sie in die Nähe einer Hündin kommen, versuchen sie diese zu besteigen, egal ob sie nun läufig ist oder nicht.

Andererseits belecken die Rüden ihren Penis fast unentwegt, was zu Reizungen und Entzündungen führen kann. Gibt man dem Drängen des Rüden nicht nach, kann er sogar das Futter verweigern.

Hündinnen mit vermehrtem Geschlechtstrieb versuchen, jedes sich bietende Menschenbein zu begatten.

Ursachen

In den meisten Fällen ist vermehrter Geschlechtstrieb angeboren.

Selbstmaßnahmen

● **Naturheilmittel**

Den vermehrten Geschlechtstrieb kann man nicht heilen, man kann nur regulierend in den Hormonhaushalt eingreifen.

Geben Sie Ihrer Hündin täglich 2- bis 3mal Hormeel-Tropfen; Rüden verabreichen Sie 1mal pro Woche Platinum C200-Tropfen.

Hat sich durch das permanente Lecken des Penis bereits eine Entzündung gebildet, hilft eine Spülung mit verdünnter Calendula-Essenz (→Vorhautkatarrh, Selbstmaßnahmen Seite 63).

● **Bach–Blüten**

Neigt Ihr Hund zu Traurigkeit, hilft ihm Mustard. Steckt in ihm ein kleiner Tyrann, geben Sie Vine.

Wann zum Therapeuten?

Sie sollten einen Therapeuten um Rat fragen, wenn Ihr Hund trotz der Heilmittel unter der übermäßigen Sexualität leidet.

Welche Therapiemaßnahmen beim Therapeuten?

Er wird versuchen, mit homöopathischen Hochpotenzen die Überreaktion zu dämpfen.

Vor- und Nachsorge

Beschäftigen Sie sich viel mit Ihrem Hund und lenken Sie ihn ab.
Wenn Ihre Hündin gerade läufig ist, meiden Sie die gewohnten Ausführwege, um die Rüden in der Umgebung nicht zu stark zu erregen.
Wirken Sie erzieherisch auf das Tier ein, wenn es versucht, seinen übermäßigen Trieb an Ihrem Bein abzureagieren!

Läufigkeit

Mit »Läufigkeit« wird die Zeitspanne bezeichnet, in der die Hündin paarungsbereit ist. Normalerweise wird eine Hündin zwischen dem 6. und 11. Lebensmonat zum ersten Mal läufig. Dann ist sie es in der Regel 2mal jährlich. Die normale Läufigkeit dauert ungefähr 21 Tage, aufnahmebereit ist sie vom 9. bis zum 15. Tag nach Beginn der Blutung. Nur in dieser kurzen Zeit müssen Sie auf das Tier aufpassen, wenn Sie keinen Nachwuchs wünschen.
Bei der normalen Läufigkeit schwillt die Scheide der Hündin an, sie kann sich warm anfühlen (= »Hitze«, eine andere Bezeichnung für »Läufigkeit«). Zunächst tritt ein dunkelroter Ausfluß aus der Scheide auf, der nach ungefähr 8 Tagen blaßrot, dann farblos wird. Wenn der Ausfluß eine weißlich-schleimige Konsistenz annimmt, ist er für die Rüden besonders geruchsintensiv!
Im Laufe einer normalen Läufigkeit kann die Hündin einen wechselnden Appetit zeigen, sie kann unfolgsamer werden. In den »kritischen Tagen« wird sie sich bereitwillig hinstellen, wenn ein Rüde sie decken will, ansonsten wird sie sich gegen die Aufdringlichkeit wehren.

Krankheitsbild

A) *Unregelmäßige Läufigkeit*: Diese kann sich dadurch äußern, daß die Hündin öfter als normal oder gar nicht läufig wird, daß sie stark und zu lang oder kaum blutet.
Diese Schwankungen im Hormonhaushalt sind besonders dann unangenehm, wenn Sie die Hündin decken lassen wollen.
B) *Scheinträchtigkeit*: Etwa 8 bis 10 Wochen nach der Hitze ändert sich das Verhalten der Hündin. Dies ist exakt der Zeitpunkt, zu dem sie nach einem erfolgreichen Deckakt ihre Jungen bekommen würde. Obwohl sie nicht gedeckt wurde, fängt sie an, Nestchen zu bauen, verkriecht sich winselnd mit ihrem Spielzeug im Körbchen, wird überanhänglich.
Die Milchleiste kann anschwellen, zum Teil sondert sie sogar etwas Milch ab, wenn man daran drückt. Dieser Zustand kann von 14 Tagen bis zu 4 Wochen dauern. Wenn sich die Hündin selbst besäugt, kann es zu einer massiven Entzündung der Milchdrüsen (Mastitis) kommen, gepaart mit Fieber, Appetitmangel und Unlust. Auch eine Gebärmuttervereiterung kann entstehen.

Ursachen

Sowohl der unregelmäßigen Läufigkeit als auch einer Scheinträchtigkeit liegt eine Funktionsstörung entweder der Hypophyse, der Eierstöcke oder der Gebärmutter zugrunde.

Selbstmaßnahmen

Bei einer Scheinträchtigkeit sollten Sie Ihre Hündin ablenken und alle Spielsachen wegräumen.

Ist die Milchleiste geschwollen und heiß, helfen kühlende Umschläge mit Alkohol oder Calendula-Essenz.

Versuchen Sie, Ihre Hündin als Amme für andere Welpen einzusetzen.

Verabreichen Sie während der Zeit einer Scheinträchtigkeit eine <u>Diät</u> aus wenig Reis, Flocken und Nudeln und achten Sie darauf, daß das Tier nicht zu viel trinkt. Geben Sie keine Milch zusätzlich.

Wichtig: Drücken Sie nicht selbst zu kräftig an den Zitzen herum, um festzustellen, ob Milch kommt. Hindern Sie auf jeden Fall die Hündin daran, sich selbst zu besaugen, damit keine Entzündung der Milchleiste entsteht.

● **Naturheilmittel**
A) Regulieren Sie den Hormonstatus mit Hormeel-Tropfen.
B) Wenn Ihre Hündin ein sehr verschmustes Geschöpf ist, verabreichen Sie ihr Pulsatilla-Injeel-Trinkampullen, ist sie dagegen reserviert und zurückhaltend, geben Sie Sepia-Injeel-Trinkampullen. Zur Dosierung →vordere Umschlagseite.

Wichtig: Wenn sich bei der Hündin eine akute Veränderung im Allgemeinzustand einstellt, wie Freßunlust, deprimiertes Verhalten, ein klebriger Scheidenausfluß sowie Untertemperatur, so geben Sie Pyrogenium-Injeel- und Lachesis-Injeel-Trinkampullen jeweils 2mal versetzt pro Tag. Suchen Sie baldmöglichst mit ihr einen Therapeuten auf, denn es könnte eine Gebärmutterentzündung oder -vereiterung sein!

● **Bach–Blüten**
Die angegebenen Blüten gelten sowohl für unregelmäßige Läufigkeit als auch für Scheinträchtigkeit.

Reagiert die Hündin	so geben Sie ihr
überaus anhänglich, lieb	Centaury, Cerato oder Heather
alles übelnehmend, beleidigt	Pine
eher dominant, manchmal aggressiv, stolz und zurückhaltend ...	Beech, Chicory und Water Violet

Wann zum Therapeuten?

Sie sollten zu einem Therapeuten gehen, wenn sich die unregelmäßigen Läufigkeiten trotz Hormeel nicht regulieren lassen bzw. wenn es während der Scheinträchtigkeit zu Veränderungen des Allgemeinzustandes kommt.

Welche Therapiemaßnahmen beim Therapeuten?

Der Therapeut wird mit homöopathischen Einzelmitteln die Gesamtverfassung beeinflussen und die Hormonsituation individuell regulieren.
Sie werden in die Technik der Farbtherapie eingewiesen.

Wehenschwäche

Wehen leiten die Geburt der Hundewelpen ein.

Krankheitsbild

Die Wehen haben bereits seit ungefähr 2 bis 3 Stunden eingesetzt, doch es ist noch kein Hundebaby geboren. Dies deutet auf eine <u>Geburtsproblematik</u> durch Wehenschwäche hin. Häufig ist die Hündin dann sehr geschwächt.

Ursachen

Eine Wehenschwäche ist meist auf eine Hormonstörung zurückzuführen.

Selbstmaßnahmen

Wichtig: Wenden Sie diese Mittel nur an, wenn Sie gerade keinen Therapeuten erreichen können. Sie sind nur zur momentanen Selbsthilfe gedacht und nicht als generelle Therapie.

● **Naturheilmittel**
Regen Sie die Wehentätigkeit wieder an mit Caulophyllum C30 und Secale-cornutum C30, die Sie halbstündlich jeweils einmal im Wechsel geben.

● **Bach–Blüten**
Ist die Hündin sehr erschöpft, geben Sie ihr Hornbeam und Olive. Nach der Geburt hilft ihr Walnut.

Wann zum Therapeuten?

Sie sollten so bald wie möglich einen Therapeuten aufsuchen.

Welche Therapiemaßnahmen beim Therapeuten?

Der Therapeut wird mit homöopathischen Einzelmitteln das Geburtshindernis beseitigen.
Wenn dies nicht möglich ist, wird er die Hündin auf einen eventuell nötigen Kaiserschnitt vorbereiten, der bei einem Tierarzt vorgenommen wird.

Vor- und Nachsorge

Wenn das Tier schon einmal eine schwierige Geburt durchgemacht hatte, sollten Sie die Zeit der Trächtigkeit bis zur Geburt von einem Therapeuten mit überwachen lassen.

Muttermilch

Krankheitsbild

A) Bei *Milchmangel* kann das Muttertier die Jungen nicht ausreichend versorgen.
B) Zu *Milchüberschuß* kommt es, wenn die von der Mutter zur Verfügung gestellte Milchmenge von den Welpen nicht aufgebraucht wird.

Ursachen

A) Milchmangel wird oft durch hormonelle Funktionsstörungen verursacht. Aber auch Haltungsfehler wie falsche Ernährung während der Trächtigkeit können einen Milchmangel auslösen.
B) Milchüberschuß entsteht meist dann, wenn der Wurf für die vorhandene Milchmenge des Muttertieres zu klein ist oder wenn einige Welpen bei der Geburt gestorben sind.

Selbstmaßnahmen

A) Hat die Hundemutter zu wenig Milch, sollten Sie versuchen, eine Amme für Ihre Welpen zu bekommen. Wenn dies nicht gelingt, können Sie die Jungen auch mit Muttermilchpulver aufziehen.

● **Naturheilmittel**
Geben Sie dem Muttertier einmalig 1 Tablette oder 5 bis 10 Tropfen Urtica-urens C30.

● **Bach–Blüten**
Macht das Muttertier einen müden, ausgelaugten Eindruck, geben Sie Olive, Hornbeam und Walnut.

B) Wenn Ihre Hündin zuviel Milch produziert, bieten Sie sie als Amme an. Sind keine Ersatzwelpen da, geben Sie ihr einige Tage lang 3mal 1 Tablette Urtica-urens D6.

4

Wann zum Therapeuten?

Sie sollten zum Therapeuten gehen, wenn Ihre Behandlung keinen Erfolg hat.

Welche Therapiemaßnahmen beim Therapeuten?

Mit homöopathischen Einzelmitteln wird er die Gesamtverfassung Ihrer Hündin und Stoffwechselstörungen im Hormonhaushalt behandeln.
Er wird Sie in die Anwendung der Farbtherapie oder auch Akupressur einweisen.

Vor- und Nachsorge

Richten Sie die Wochenstube in einem Raum ein, wo das Muttertier in ungestörter Atmosphäre ihre Jungen versorgen kann.

Gesäugeentzündung

Hündinnen, die zur Scheinträchtigkeit neigen, sind von dieser Erkrankung bevorzugt betroffen.

Krankheitsbild

Die Milchdrüse oder Milchleiste ist geschwollen, sie kann sowohl weich als auch verhärtet sein, fühlt sich meist warm oder heiß an und kann auch gerötet sein. Aus der Milchdrüse kann sich Flüssigkeit absondern, die auch eitrig sein kann. Aufgrund der Entzündung wirkt die Hündin lustlos.

Ursachen

Auslöser der Gesäugeentzündung kann eine Infektion sowie ein Schlag oder Stoß sein.

Selbstmaßnahmen

Bereiten Sie auf den betroffenen Zitzen einen kalten Umschlag mit Calendula-Essenz oder Alkohol. Gewähren Sie der Hündin absolute Ruhe.

Wichtig: Hindern Sie die Hündin daran, an den erkrankten Zitzen zu lecken, damit sich die Infektion nicht verstärkt.

● **Naturheilmittel**
Verabreichen Sie 3mal am Tag 1 Tablette Traumeel. Wenn das Tier sehr schmerzempfindlich ist, geben Sie Bryonia-Injeel-, bei weicher, nicht schmerzhafter Schwellung Apis-Injeel-Trinkampullen.

● **Bach–Blüten**
Ist die Hündin abgeschlagen, hilft ihr Hornbeam.

Wann zum Therapeuten?

Sie sollten sofort einen Therapeuten aufsuchen, wenn sich zu den genannten Symptomen eine Temperaturerhöhung einstellt.

Welche Therapiemaßnahmen beim Therapeuten?

Der Therapeut wird mit homöopathischen Einzelmitteln die Entzündung behandeln und die körpereigene Abwehr anregen, außerdem den Hormonstatus regulieren.
Zur Unterstützung seiner Maßnahmen wird er Sie in die Technik der Farbtherapie einweisen.

Prostataerkrankung

Eine Vergrößerung oder Entzündung der Prostata tritt vor allem bei älteren Rüden auf.

Krankheitsbild

Die *Prostatavergrößerung* zeigt sich durch eine abnorm abgewinkelt gehaltene Rute (→Seite 115). Die Tiere gehen steif und eckig, deshalb könnte man die Symptome auch mit einer Erkrankung im Bewegungsapparat verwechseln.

Ein weiterer Hinweis ist der Bleistiftstuhl (→Seite 115), der durch den Druck der Prostata auf den Darm entsteht. Der Kotabsatz ist erschwert, manchmal kommt es auch nur zum Leerdrücken.

Begleiterscheinungen sind ein eitriger Ausfluß sowie Blutbeimengungen im Harn oder ein blutiger Ausfluß unabhängig vom Harnabsatz.

Die Prostatavergrößerung selbst ist schmerzlos. Allerdings kann sich daraus – speziell bei Rüden mit übersteigertem Geschlechtstrieb – oft eine Prostataentzündung entwickeln.

Die *Prostataentzündung* ist für das Tier sehr schmerzhaft. Sie geht einher mit Fieber, vermehrtem Durst, aber Appetitlosigkeit und auch Erbrechen. Das Tier hat extreme Beschwerden beim Aufstehen und Hinsetzen. Springen und Treppensteigen sind fast unmöglich.

Wichtig: Bei Nichtbehandlung können sich die durch die Prostataentzündung entstandenen Toxine im Körper verteilen und zum Beispiel zu einer Polyarthritis führen.

Ursachen

Eine Vergrößerung der Prostata ist meist altersbedingt. Ganz selten kann auch eine rein bakterielle Infektion eine Prostataentzündung auslösen.

Selbstmaßnahmen

Wichtig: Die aufgeführten Selbstmaßnahmen beziehen sich nur auf eine Prostatavergrößerung. Bei einer Prostataentzündung sollten Sie einen Therapeuten zu Rate ziehen.

Gewähren Sie Ihrem Hund öfter am Tag Auslauf, damit sich die Blase nicht zu sehr füllt und zusätzlich einen Druck auf den Unterbauch ausübt.
Geben Sie eine leichtverdauliche Diät und verzichten Sie auf Knochen, damit das Tier beim Kotabsatz nicht zusätzlich pressen muß.

● **Naturheilmittel**
Geben Sie dem Hund 3mal täglich 5 bis 10 Tropfen Prostagutt. Wenn dieses Mittel nach 14 Tagen keine deutliche Besserung bringt, wechseln Sie auf Nettisabal-Tropfen (gleiche Dosierung).

● **Bach–Blüten**
Reagiert der Hund aufgrund der Erkrankung träge und unlustig, geben Sie ihm Hornbeam und Mustard, ist er aufgezogen und überaktiv, hilft Vervain, neigt er zu Ungeduld, geben Sie Impatiens.

Wann zum Therapeuten?

Sie müssen einen Therapeuten aufsuchen, wenn ein Verdacht auf Prostataentzündung besteht.
Bei einer Prostatavergrößerung sollten Sie einen Therapeuten aufsuchen, wenn die Symptome auf die Selbstbehandlung hin nicht abklingen.

Welche Therapiemaßnahmen beim Therapeuten?

Der Therapeut wird mit homöopathischen Einzelmitteln die Entzündung behandeln und mit Hilfe der Nosodentherapie die Toxine aus dem Körper ausleiten. Zur Verbesserung der Zellsubstanz der Prostata wird er homöopathisierte Zellsubstanzen einsetzen, zur Regeneration die Zytoplasmatische Therapie.
Sie werden in die Technik der Farbtherapie eingewiesen.

4

Vor- und Nachsorge

Behalten Sie die Diät und mehrere kleine Spaziergänge pro Tag bei.

Erkrankungen der Hoden

Erkrankungen am Hoden können eine Entzündung, Tumore oder Ekzeme sein.

Krankheitsbild

A) Der Hoden ist vergrößert und sehr schmerzhaft. Aus diesem Grund wollen die Tiere kaum aufstehen. Sie laufen breitbeinig und steif, deshalb besteht die Gefahr einer Verwechslung mit einer Hinterhandlähmung oder Wirbelsäulenerkrankung.

Wichtig: Zusätzlicher Haarausfall, abnorm große Zitzen sowie eine auf den Bauch lokalisierte Umfangsvermehrung deuten auf einen Hodentumor hin. Dieser tritt bevorzugt beim alten Rüden auf. In diesem Fall müssen Sie sofort zu einem Therapeuten gehen.

B) Aufgrund eines Juckreizes schleckt der Hund ständig am Hoden. Dadurch entwickelt sich ein meist nässendes Ekzem. Verhindern Sie das permanente Schlecken nicht, kann es sogar zu Blutungen und Eiterungen kommen.

Ursachen

A) Eine Hodenentzündung kann die Folge einer Verletzung oder einer Infektion, zum Beispiel Brucellose oder Tuberkulose, sein.
B) Der Juckreiz wird überwiegend durch vermehrten Geschlechtstrieb hervorgerufen.

Selbstmaßnahmen

A) Machen Sie kühle Calendula- oder Hamamelis-Umschläge und reiben Sie die Hoden dann mit Traumeel-Salbe oder Rescue-Creme ein.

Wichtig: Hindern sie das Tier daran, seinen Hoden zu benagen.

● **Naturheilmittel**
A) Bei Rötung, Schwellung und Hitze der Hoden geben Sie Traumeel-Tabletten und zusätzlich Calcium jodatum-Injeel- und Conium-Injeel-Trinkampullen.
B) Verabreichen Sie täglich Croton D12-Tabletten und Cosmochema Hautfunktionstropfen.
Zur Dosierung →vordere Umschlagseite.

● **Bach-Blüten**
Wirkt das Tier aufgrund der Erkrankung apathisch und lustlos, geben Sie Hornbeam und Olive.

Wann zum Therapeuten?

Sie sollten einen Therapeuten konsultieren, wenn sich Störungen im Allgemeinbefinden einstellen.

Welche Therapiemaßnahmen beim Therapeuten?

Mit homöopathischen Einzelmitteln wird der Akutzustand angegangen, mit Nosoden werden Toxine aus dem Körper ausgeleitet.
Sie werden in die Technik der Farbtherapie eingewiesen.

Vor- und Nachsorge

Unterbinden Sie, daß Ihr Hund an seinem Hoden knabbert. Beschäftigen Sie sich mit ihm.

Erkrankungen der Haut und Drüsen

Schuppen

Schuppen sind meist Begleiterscheinungen bei Stoffwechselstörungen.

Krankheitsbild

Der Hund sondert Hautschuppen ab, die entweder auf bestimmte Stellen des Körpers beschränkt oder über den ganzen Körper verteilt sind. Der Rücken-Lenden-Bereich ist bevorzugt betroffen.
Die Schuppen können klein und trocken sein, dann ist auch die Haut trocken, oder fettig bei ebenso fettiger, schmieriger Haut.
Als Begleiterscheinung kann Juckreiz auftreten. Oft riecht das Tier intensiv nach »Hund«.

Ursachen

Schuppen können die Folge einer Fehlernährung oder einer allergischen Reaktion sein. Auch Störungen im Leberstoffwechsel sowie Hormon- und Drüsenorganstörungen lösen Schuppen aus. Überwiegend im Haus gehaltene Hunde neigen generell zu trockener, schuppiger Haut, ohne krank zu sein.

Selbstmaßnahmen

Wenn die Schuppen auf einer einseitigen Ernährung beruhen, sollten Sie das Futter auf vermehrte Frischkost umstellen.

Wichtig: Nehmen Sie eine langsame Futterumstellung vor, damit sich Ihr Hund daran gewöhnen kann und nicht mit Durchfall reagiert.

● **Naturheilmittel**

Unterstützen Sie den Stoffwechsel mit Cosmochema Hautfunktionstropfen oder Psorinoheel-Tropfen. Zur Dosierung →vordere Umschlagseite.
Bei trockenen Schuppen verabreichen Sie 1mal täglich 5 bis 10 Tropfen Dermisal. Sind die Schuppen fettig, geben Sie Ihrem Hund 1mal täglich 1 Trinkampulle Arsenicum album-Injeel.

Wann zum Therapeuten?

Wenn sich die Symptomatik nach 14 Tagen nicht gebessert hat, oder wenn sich das Allgemeinbefinden des Tieres verschlechtert, sollten Sie einen Therapeuten hinzuziehen.

Welche Therapiemaßnahmen beim Therapeuten?

Der Therapeut wird homöopathische Einzelmittel zur Stoffwechselregulierung einsetzen. Mit Hilfe von Nosoden wird er den Körper entgiften.
Zur Unterstützung der Therapie wird er Sie in die Technik der Farbtherapie einweisen.

Vor- und Nachsorge

Eine wichtige Krankheitsvorsorge ist die artgerechte Ernährung (→Seite 14) und die artgerechte Pflege (→Seite 108).

5

Genügend Auslauf an der frischen Luft regt den Stoffwechsel an.

Warzen

Warzen sind meist gutartige Wucherungen der oberen Hautschicht, die über den ganzen Körper verteilt vorkommen können. Sie treten gehäuft bei alten Hunden auf, ohne jedoch deren Gesundheitszustand wesentlich zu beeinträchtigen.

Krankheitsbild

Zunächst bildet sich an irgendeiner Stelle des Körpers des Tieres eine kleine Erhabenheit auf der Haut; diese wird im Lauf der Zeit immer größer. Warzen können sowohl als weiche Fleischwarzen, harte Stielwarzen oder als blumenkohlartige Warzen entstehen.

Ursachen

Die Entstehung von Warzen kann durch erbliche Veranlagung ausgelöst werden. Auch eine altersbedingte Gewebsschwäche kann Warzen zum Ausbruch kommen lassen.

Selbstmaßnahmen

Als Lokaltherapie betupfen Sie die Warzen mit einer Thuja-Tinktur, die Sie mit wenig Wasser verdünnen.

Wichtig: Versuchen Sie nicht, die Warzen selbst zu entfernen, da die Gefahr einer Entzündung besteht!

● **Naturheilmittel**
Das Heilmittel richtet sich nach Art der Warze.

Art der Warze	Heilmittel als Trinkampulle
weiche Fleischwarzen	Dulcamara-Injeel
harte Stielwarzen	Causticum-Injeel
blumenkohlartige Warzen	Thuja-Injeel

Zur Dosierung →vordere Umschlagseite.

● **Bach–Blüten**
Geben Sie zur Unterstützung Crab Apple.

Wann zum Therapeuten?

Sie sollten einen Therapeuten aufsuchen, wenn die Warzen trotz Therapie weiter wachsen oder sich weiter ausbreiten oder sich plötzlich in Form oder Farbe verändern.

Welche Therapiemaßnahmen beim Therapeuten?

Mit homöopathischen Einzelmitteln in höheren Potenzen wird er die Gesamtverfassung des Tieres so beeinflussen, daß ein weiteres Warzenwachstum eingedämmt wird.

Allergie

Allergische Reaktionen sind meist erblich bedingt, sie können aber auch durch aufgenommene Reizstoffe zum Ausbruch kommen.

Krankheitsbild

Juckreiz ist das erste Anzeichen einer Allergie. Dann treten über den Körper verteilt Ekzeme (nässend oder trocken), Schwellungen oder Rötungen auf. Begleiterscheinungen können Tränen- und

Nasenausfluß, Niesen, Husten, Erbrechen oder Durchfall sein.

Bei Medikamentenüberdosierung oder -unverträglichkeit tritt häufig auch ein »dicker Kopf« auf, das heißt, der Schädel erscheint größer als sonst; auf der Stirn bilden sich dicke Hautfalten.

Ursachen

Das Tier kann auf alle möglichen Substanzen allergisch reagieren: auf Umwelteinflüsse wie Pollen (= Heuschnupfen) oder Staub, auf Medikamente, auf bestimmte Nahrungsbestandteile, etwa Getreide oder Milch, auf Inhaltsstoffe von Dosen- oder Trockenfutter oder auf Insektenstiche.

Selbstmaßnahmen

Bereiten Sie Ihrem Hund eine spezielle Diät zu (→Seite 110).

Wichtig: Meiden Sie Geflügel und Kalbfleisch, da sich dadurch ein vorhandener Juckreiz verstärken kann!

● Naturheilmittel

Mit Engystol-Trinkampullen helfen Sie dem Körper zunächst beim unspezifischen Entgiftungsvorgang. Mit Pro-Aller-Tropfen lassen sich viele Stoffwechselirritationen einigermaßen regulieren. Cosmochema Hautfunktionstropfen lindern den Juckreiz.

Bei einer lokalen Schwellung und Rötung oder bei einer allergischen Reaktion auf einen Insektenstich geben Sie Apis-Injeel-Trinkampullen.

Hat der Hund eine Impfung nicht vertragen, hilft Thuja D30.

Ebenso hilfreich bei allen Allergien sind zusätzlich Frubiase-Calcium-Trinkampullen.

Zur Dosierung →vordere Umschlagseite.

● Bach-Blüten

Verabreichen Sie auf jeden Fall Crab Apple.

Wenn das Tier aufgrund der körperlichen Situation lustlos wird, hilft Hornbeam. Gerät es vor lauter Kratzen in Panik, geben Sie Cherry Plum.

Wann zum Therapeuten?

Wenn sich die Allergie nach 2 bis 3 Tagen nicht gebessert hat, sollten Sie die Ursache durch einen Therapeuten abklären lassen.

Wenn sich der Allgemeinzustand des Tieres verschlechtert, sollten Sie unverzüglich einen Therapeuten aufsuchen.

Welche Therapiemaßnahmen beim Therapeuten?

Mit homöopathischen Mitteln wird die Gesamtverfassung des Tieres beeinflußt, mit der Nosodentherapie werden Toxine aus dem Körper spezifisch ausgeleitet.

Gegebenenfalls kommt eine Gegensensibilisierung (→Seite 122) in Frage, die aber nicht jeder Therapeut anbieten kann.

Vor- und Nachsorge

Wenn Ihr Hund zu Allergien neigt, sollten Sie bei der Wahl des Futters darauf achten, daß so wenig Zusatzstoffe wie möglich enthalten sind, da diese häufig Allergien auslösen können.

Sorgen Sie für eine artgerechte, ausgewogene Ernährung (→Seite 14).

Rasse-Dispositionen

Allergien treten häufig bei den Rassen Schäferhund, Pudel, Boxer und Dalmatiner auf.

5

Haarausfall und Haarbruch

Normalerweise findet beim Hund jedes Frühjahr und jeden Herbst eine Erneuerung des Haarkleides statt. Dieser Fellwechsel stellt keine Krankheit dar. Allerdings kann er bei manchen Tieren verstärkt oder auch mit Begleitsymptomen auftreten.
Vermehrter Haarausfall außerhalb des normalen Fellwechsels deutet meist auf eine Stoffwechselstörung als Ursache hin.

Krankheitsbild

A) Das Tier verliert das ganze Jahr über vermehrt Haare.
B) Das Tier verliert – über den ganzen Körper verteilt – Haare. Bei der Fellpflege verbleiben abgestoßene Haare vermehrt in der Bürste. Die Haut juckt, manchmal ist sie trocken und schuppig. Das Allgemeinbefinden kann durch Appetitmangel und auch Verstopfung beeinträchtigt sein.
C) Der Hund verliert plötzlich Haare. Begleiterscheinungen sind Juckreiz, Ekzeme, Schuppen, glanzloses Fell oder chronischer Haarbruch, das heißt, neu nachwachsende Haare »brechen« nach gewisser Zeit regelrecht ab.
D) An begrenzten Stellen fällt das Haar aus. Zusätzlich jucken diese Stellen. Bei näherer Begutachtung fallen rötliche ober bräunliche Pünktchen, schwarze Krümel oder kleine erhabene Knötchen in der Haut auf.
E) Dem Hund fallen über den ganzen Körper verteilt Haare aus. Zusätzlich juckt die Haut. Es treten Ekzeme auf, manchmal auch Durchfall.
F) An den Hautstellen, wo das Halsband, der Maulkorb oder das Geschirr aufliegen, entstehen kahle Stellen. Zusätzlich kann sich Juckreiz bis hin zur Hautreizung einstellen, hin und wieder auch Durchfall.
G) Beim Streicheln hält man plötzlich ein ganzes Büschel Haare in der Hand. Während einer Untersuchung beim Therapeuten verliert der Hund büschelweise Haare.

Wichtig: Bleiben die Fälle B) bis E) unbehandelt, kann es zu einer chronischen Schädigung der Haut sowie zu einer Verletzung des Säureschutzmantels der Haut kommen, die dann wiederum Nährboden für Folgeerkrankungen der Haut darstellen.

Ursachen

A) Dies tritt vor allem bei Hunden auf, die nur in Wohnung oder Haus gehalten werden.
B) Diese Symptome zeigen vermehrt Hunde, die ausschließlich mit Dosen- oder Trockenfutter ernährt werden.
C) Ursache dafür kann eine Leberfunktionsstörung oder eine Fehlernährung sein.
Nierenfunktionsstörungen machen sich durch Haarausfall mit nässenden Ekzemen bemerkbar. Haarlose Stellen im Bereich der Innenschenkel und Genitalien weisen auf eine Störung im Bereich der Sexualhormone hin.
Symmetrischer Haarausfall, speziell beidseits der hinteren Lendenwirbelsäule, verbunden mit juckenden Ekzemen sind meist auf Störungen im Hormonhaushalt von Schilddrüse oder Hypophyse (= Hirnanhangdrüse) zurückzuführen.
D) Der Hund hat Ektoparasiten aufgeschnappt (→Seite 82).
E) Verursacher dafür können Bakterien oder Pilze sein, die diese Hautbezirke befallen haben.
F) Die entsprechenden Gerätschaften sitzen zu fest und scheuern deshalb auf der Haut. Durch den mechanischen Druck werden die Auflagestellen haarlos.
G) Schock oder Streßsituationen können einen akuten Haarverlust bedingen.

Selbstmaßnahmen

Wichtig: In den Fällen C) und E) sollten Sie zur genauen Ursachenabklärung sofort zum Therapeuten gehen.

A) Gehen Sie mit dem Tier regelmäßig an die frische Luft, um den Stoffwechsel der Haut anzuregen. Dies bewirkt auch regelmäßiges Bürsten, zugleich fördern Sie damit die Durchblutung und entfernen so die bereits abgestorbenen Haare schneller.
Verabreichen Sie Ihrem Hund Biotin mit dem Futter.

● Naturheilmittel
Setzen Sie Cosmochema Hautfunktionstropfen ein, bei verstärkter Schuppenbildung Sulfur-Injeel-Trinkampullen.

● Bach-Blüten
Verabreichen Sie unterstützend zur inneren Reinigung Crab Apple.

B) Ihr Hund verträgt einige Zusatzstoffe im Fertigfutter nicht. Stellen Sie deshalb langsam auf Frischfutter mit Fleisch, Gemüse, Reis und Magerquark um.
D) Durch die Gabe von Formel-Z-Tabletten verändern Sie die Körperausdünstung Ihres Hundes, daß ihn die Parasiten »nicht mehr riechen« können. Zu Parasiten im Fell →Seite 82.
Behandeln Sie lokal befallene Stellen mit verdünnter Calendula-Essenz und tragen Sie im Anschluß Rescue-Creme dünn auf.
E) Unterstützen Sie den Organismus bei der Entgiftung mit Toxex-Tropfen.
F) Beheben Sie den mechanischen Reiz durch Lockern von Halsband, Maulkorb oder Geschirr.

Wenn nötig, wechseln Sie diese. Bereits gereizte oder entzündete Hautbezirke betupfen Sie mit Calendula-Essenz; anschließend tragen Sie dünn Traumeel-Salbe auf.
G) Wenn Sie wissen, daß der Haarausfall auf eine Schock- oder Streßsituation zurückzuführen ist, verabreichen Sie Rescue-Tropfen (Bach-Blüten).
Zur Dosierung in allen Fällen →vordere Umschlagseite.

Wann zum Therapeuten?

Sie sollten zum Therapeuten gehen, wenn sich die Symptomatik nach 1 Woche Therapieversuch nicht gebessert, sondern eher verschlimmert hat oder wenn zusätzlich Ekzeme auftreten und das Allgemeinbefinden des Tieres gestört ist.
Bei den Krankheitsbildern C) und E) ist es ratsam, sofort einen Therapeuten aufzusuchen.

Welche Therapiemaßnahmen beim Therapeuten?

Der Therapeut wird mit homöopathischen Einzelmitteln den Gesamtorganismus sowie auch den Drüsen- oder Hormonhaushalt harmonisieren. Wenn Toxine für den Haarausfall verantwortlich sind, werden sie mit Hilfe der Nosodentherapie aus dem Körper ausgeleitet.

Vor- und Nachsorge

Regelmäßige Fellpflege (→Seite 108) und eine artgerechte Ernährung (→Seite 14) sind eine wichtige Vorsorge.

Rasse-Dispositionen

Vor allem die Rassen Deutscher Schäferhund und Chow-Chow leiden unter Haarausfall.

5

Ekzeme

Ekzeme sind Entzündungen der oberflächlichen Hautschichten, die bei Nichtbehandlung eitrig werden können. Sie treten bevorzugt auf, wenn das Immunsystem des Organismus nicht intakt ist. Ekzeme können eine körpereigene Maßnahme sein, um Giftstoffe aus dem Körper auszuleiten.

Krankheitsbild

Je nach Ausprägung können zwei Ekzem-Typen unterschieden werden:
Das nässende, eitrig-schmierige Ekzem, das auch stinken kann, wenn es voll ausgeprägt ist.
Das trockene, schuppige Ekzem.

Wichtig: Achten Sie darauf, ob die Ekzeme bevorzugt symmetrisch am Körper auftreten. Dies sind wichtige Hinweise für den Therapeuten für die Ursachenergründung.

Begleiterscheinung der meisten Ekzeme ist ein starker Juckreiz, der das Tier veranlaßt, an den betroffenen Stellen – oder auch überall – zu schlecken oder nagen. Dadurch entstehen auch an noch nicht affektierten Hautbezirken Ekzeme, die den Hund immer weiter zum Kratzen verleiten.
Dringen in die entzündeten Hautstellen bestimmte Bakterien (sog. Eitererreger) ein, kann es zu Eiterbildung in Form von Bläschen oder eitrig-nässenden Flächen kommen. Dabei verursacht jeder Eitererreger Eiter mit einer diagnoseweisenden Farbe und Konsistenz, etwa gelblich-rahmartig, gelb-grünlich, gelblich-flüssig bis bräunlich, die Sie sich unbedingt merken sollten.

Ursachen

In den meisten Fällen sind Stoffwechselstörungen die Ursache für Ekzeme. Diese können ausgelöst werden durch Ernährungsfehler, die dazu führen, daß die normalen Entgiftungsorgane im Körper – Niere und Leber – überlastet sind; die Haut übernimmt dann zum Teil diese Funktion.
Nässende, eitrige Ekzeme deuten auf eine Funktionsstörung der Nieren, trockene, schuppige Ekzeme auf eine Störung der Leber hin.
Auch das Baden in mit Bakterien belasteten Gewässern sowie abnorme Faltenbildung bei manchen Hunderassen können nässende Ekzeme begünstigen.
Juckende Ekzeme, verbunden mit symmetrischem Haarausfall, deuten auf eine Störung im Hormonhaushalt hin.
Auch Parasiten können Ekzeme verursachen (→Seiten 57 und 82).

Selbstmaßnahmen

Wichtig: Behandeln Sie Ekzeme nicht mit Salben, denn dadurch werden die Hautporen nur zusätzlich verstopft, die Ekzeme würden noch schmieriger werden. Es soll Luft an die Ekzeme!

Solange Ihr Hund unter Ekzemen leidet, sollten Sie ihm eine Diät mit nur wenig Fleisch verfüttern, dafür mehr Reis, Hüttenkäse oder Magerquark und Gemüse. Wenn Sie Fleisch verabreichen, dann sollte es Lamm sein.
Ist die Ursache der Ekzeme eine Fehlernährung, dann stellen Sie langsam auf artgerechte Nahrung (→Seite 14) um.

Entzündete Hautstellen betupfen Sie täglich mit verdünnter Calendula-Essenz. Wenn die Ekzeme nässen, sprühen Sie vor dem Spazierengehen Dr. Schaette Wundbalsam auf, damit keine weiteren Bakterien eindringen und zusätzliche Infektionen hervorrufen können.

● **Naturheilmittel**

Neben dieser äußerlichen Behandlung sollten Sie den Körper Ihres Hundes auch entgiften. Beginnen Sie mit Toxex-Tropfen. Nach 5 Tagen wechseln Sie dann zu einem krankheitsspezifischen Mittel:
Bei nässenden Ekzemen nehmen Sie Psorinoheel-Tropfen, bei trockenen Ekzemen Dermisal-Tropfen oder Sulfur-Injeel-Trinkampullen.
Hilfreich sind bei allen Arten von Hauterkrankungen Cosmochema Hautfunktionstropfen.
Hat sich bereits Eiter gebildet, so helfen Staphylo-sal-Tropfen oder Hepar sulfuris-Injeel-Trinkampullen, daß sich die Vereiterung nicht ausdehnt.
Zur Dosierung →vordere Umschlagseite.

● **Bach–Blüten**

Zur Unterstützung aller Maßnahmen verabreichen Sie dem Tier Crab Apple.

Wann zum Therapeuten?

Wenn sich zusätzlich zu den Ekzemen eine Störung des Allgemeinbefindens einstellt, sollten Sie einen Therapeuten zu Rate ziehen.

Welche Therapiemaßnahmen beim Therapeuten?

Mit Hilfe der Nosodentherapie wird der Therapeut Toxine wie Eitererreger aus dem Körper ausleiten. Mit homöopathischen Einzelmitteln wird er die körpereigene Abwehr und das Immunsystem anregen und die Gesamtverfassung des Tieres verbessern.
Sind die Ekzeme auf größere Organschäden zurückzuführen, so kann die Zytoplasmatische Therapie zur Regeneration der betreffenden Organe zum Einsatz kommen.
Wenn nötig, werden Sie in die Technik der Farbtherapie eingewiesen.

Vor- und Nachsorge

Ernähren Sie Ihren Hund artgerecht (→Seite 14). Sorgen Sie für die notwendige Hygiene bei Ihrem Tier, auch an dessen Platz!

Rasse–Dispositionen

Hunderassen mit stark ausgeprägten Falten neigen bevorzugt zu nässenden Ekzemen.

Abszeß

Ein Abszeß ist eine Eiteransammlung in einem durch Zerstörung des Gewebes entstandenen, abgeschlossenen Hohlraum.
Handelt es sich um ein akut-entzündliches Geschehen mit erhöhter Temperatur, nennt man ihn »heißen Abszeß«, ein chronisch-entzündliches Geschehen wird »kalter Abszeß« genannt.

Krankheitsbild

Die betroffene Stelle ist gerötet, heiß, prall angeschwollen und sehr schmerzhaft; es kann sogar passieren, daß der Hund Sie beißen will, weil ihm jede Berührung an dieser Stelle sehr weh tut. Dringen die Erreger des Abszesses in den Organismus ein, kann es zu Fieber, Abgeschlagenheit und auch Appetitlosigkeit kommen, letztlich auch zu einer Blutvergiftung.

Ursachen

Lokale bakterielle Entzündungen, etwa als Folge einer Bißverletzung, können Abszesse verursachen. Aus einem heißen Abszeß kann ein kalter entstehen.

5

Selbstmaßnahmen

Ist der Abszeß noch nicht so ausgeprägt, so helfen Umschläge mit Calendula-Essenz und Salbenverbände mit Traumeel-Salbe. Wenn der Abszeß reif ist, machen Sie Umschläge mit Luvos Heilerde und tragen anschließend Ichtholan-Salbe auf.

● **Naturheilmittel**

Geben Sie Hepar sulfuris-Injeel-Trinkampullen oder Staphylosal-Tropfen. Wenn nach 2 Tagen die Schwellung noch nicht zurückgegangen ist beziehungsweise nach 1 Woche der Abszeß nicht zum Reifen gekommen ist, wechseln Sie zu Myristicasebifera D12-Tabletten.
Ist die akute Entzündung behoben, helfen Silicea-Injeel-Trinkampullen oder Traumeel-Tabletten beim Ausheilen.
Zur Dosierung →vordere Umschlagseite.

● **Bach–Blüten**

Reagiert Ihr Hund infolge der Schmerzen unleidlich und ärgerlich, geben Sie ihm Willow, ist er ungeduldig und reizbar, hilft Impatiens.

Wann zum Therapeuten?

Sie sollten einen Therapeuten aufsuchen, wenn sich die Entzündung nicht innerhalb von 3 Tagen zurückgebildet hat, wenn nach weiteren 4 Tagen der Abszeß nicht zum Reifen gekommen ist oder wenn Störungen im Allgemeinbefinden auftreten.

Welche Therapiemaßnahmen beim Therapeuten?

Der Therapeut wird mit homöopathischen Einzelmitteln die Entzündung bekämpfen und mittels Nosoden die Toxine aus dem Körper ausleiten.
Zur Unterstützung der Behandlung werden Sie in die Technik der Farbtherapie eingewiesen.

Pfotenbenagen

Pfotenbenagen kann massive Entzündungen nach sich ziehen, wenn in die aufgebissenen Hautstellen Bakterien eindringen.

Krankheitsbild

Obwohl man keinen äußerlichen Grund feststellen kann, benagt der Hund
A) alle Pfoten
B) nur die Vorder- oder nur die Hinterpfoten.
Erst durch den permanenten mechanischen Reiz können sich Entzündungen bilden.
C) Der Hund beknabbert seine Pfoten auffallend zwischen den Zehen. Dort stellt man eine Rötung und kleine rote Pünktchen fest. Diese können auch am Bauch oder an den Innenschenkeln des Tieres auftreten. Meist lag der Hund vorher im Gras.
D) Der Hund knabbert oder schleckt an einer bestimmten Stelle seiner Pfote. Dieser Bezirk ist gerötet und angeschwollen.

Ursachen

A) Dies kann ein wichtiger Hinweis für Sie sein, daß sich Ihr Hund vernachlässigt fühlt, daß ihm langweilig ist und er dadurch auf sich aufmerksam machen will.
B) Ursache sind Stoffwechselstörungen. So sind bei einer Nierenfunktionsstörung primär die Hinterpfoten betroffen, bei einer Leberfunktionsstörung primär die Vorderpfoten.
C) Die Rötungen oder roten Pünktchen stammen von Grasmilben (→Seite 83).
D) Ursache ist eine Verletzung, etwa durch einen eingetretenen Fremdkörper, einen Riß/Schnitt oder einen Insektenstich. Ist die Wunde offen, ist eine Infektion durch eindringende Bakterien sehr wahrscheinlich.

Selbstmaßnahmen

Tupfen Sie die Zehenzwischenräume beziehungsweise die Pfoten mit verdünnter Calendula-Essenz ab und lassen Sie die Lösung trocknen. Achten Sie darauf, daß der Hund nicht gleich wieder an der betroffenen Stelle schleckt, da die Tinktur sonst nicht wirken kann (schadet aber auch nicht!).
Bei bereits deutlichen Entzündungszeichen sprühen Sie vor jedem Spaziergang zur Desinfektion Dr. Schaette Wundbalsam auf.

Zusätzlich zu dieser Lokalbehandlung gibt es – für jedes Krankheitsbild – spezielle Maßnahmen.
A) Wenn dem Hund langweilig ist, beschäftigen Sie sich mit ihm oder lenken Sie ihn ab. Fühlt er sich vernachlässigt, sollten Sie Ihr Verhalten Ihrem Hund gegenüber überprüfen und ggf. umstellen! Wenn Sie keinen Erfolg haben, müssen Sie notfalls auch erzieherische Maßnahmen anwenden.

● Bach–Blüten

In jedem Fall dient zur inneren Reinigung Crab Apple.

Reagiert der Hund	geben Sie ihm
willensschwach	Centaury
unsicher	Cerato
will er immer im Mittelpunkt stehen	Chicory
überanhänglich	Heather
eifersüchtig	Holly
ungeduldig	Impatiens
mit Minderwertigkeitskomplexen anderen Tieren gegenüber	Larch
mit innerer Ausweglosigkeit	Sweet Chestnut
immer überaktiv	Vervain
als »kleiner Tyrann«	Vine

B) Sind die Vorderpfoten betroffen, so unterstützen Sie den Leberstoffwechsel mit Hepar comp.-Trinkampullen; sind die Hinterpfoten betroffen, so helfen Sie dem Nierenstoffwechsel mit Solidago comp.-Trinkampullen. Von beiden Heilmitteln verabreichen Sie 3mal wöchentlich $1/2$ bis 1 Ampulle.

Wichtig: Wenn eine Stoffwechselstörung vorliegt und Ihr Hund überwiegend Dosen- oder Trockenfutter bekommt, sollten Sie langsam die Nahrung auf Frischkost umstellen!

C) Infiziert sich Ihr Hund häufig mit Grasmilben, sollten Sie ihm bei der Umstellung des gesamten Stoffwechsels helfen: Beginnen Sie mit Psorinoheel-Tropfen, von denen Sie 3mal täglich 5 Tropfen geben. Wenn diese Maßnahme innerhalb von 8 bis 10 Tagen nicht den gewünschten Erfolg bringt, wechseln Sie zu Sulfur-Injeel, von dem der Hund jeden 2. Tag 1 Ampulle bekommt.

D) Bei Verletzungen können Sie mit Traumeel-Tabletten (Dosierung: 3- bis 5mal täglich 1 Tablette) den Heilungsvorgang unterstützen und die Schmerzen und den Reiz lindern. Nach der Behandlung mit Calendula-Essenz können Sie zusätzlich noch Traumeel-Salbe oder Rescue-Creme auftragen.

Wichtig: Machen Sie keine Salbenverbände; tragen Sie die Salben nur dünn auf!

Wann zum Therapeuten?

Sie sollten auf alle Fälle zum Therapeuten gehen, wenn alle 4 Pfoten gleichzeitig befallen sind, da dann eine tieferliegende Stoffwechselstörung zugrunde liegen kann.
Auch wenn die Entzündungen eitrig werden oder wenn trotz Ihrer Therapie nach 3 Wochen keine Besserung eintritt, sollten Sie einen Therapeuten um Rat fragen.

5

Welche Therapiemaßnahmen beim Therapeuten?

Der Therapeut wird mit Hilfe der Klassischen Homöopathie eventuell vorliegende Stoffwechselstörungen behandeln und Entzündungserscheinungen lindern. Die Nosoden dienen zur Ausleitung spezifischer Toxine, etwa von Bakterien.

Bei Vorliegen von Stoffwechselstörungen wird Sie der Therapeut in die Technik der Akupressur einweisen.

Vor- und Nachsorge

Unterbinden Sie das Schlecken und Knabbern, damit sich kein Entzündungsherd bilden kann.

Falsche Ernährung kann der Grund von Stoffwechselstörungen sein. Nehmen Sie in diesem Fall eine langsame Futterumstellung vor. Eine artgerechte Ernährung ist immer Krankheits-Vorsorge (→Seite 14)!

Säubern Sie die Pfoten nach dem Spaziergang mit lauwarmem Wasser und trocknen Sie sie gut nach.

Behandeln Sie das Tier als Lebewesen – nicht als Gegenstand!

Parasiten (Ektoparasiten)

Fast jeder Hund kommt im Laufe seines Lebens einmal mit Ektoparasiten in Kontakt. Ein kerngesundes Tier hat damit allerdings selten Probleme! Häufiger Parasitenbefall deutet deshalb meist darauf hin, daß das Immunsystem des Tieres angeschlagen ist.

Wichtig: Parasiten sind Krankheitsüberträger! Flöhe können beispielsweise den Hundebandwurm übertragen, Zecken und Läuse Borrelliose, eine schwere Wechselfiebererkrankung.

Krankheitsbild

Der Hund kratzt und knabbert vermehrt an bestimmten Stellen oder überall am Körper. Diese können sich entzünden und zu juckenden Ekzemen (→Seite 78) führen und von Haarausfall (→Seite 76) begleitet werden.

Häufiger Befall durch Ektoparasiten kann zu Erbrechen und Durchfall, Fieber, Abgeschlagenheit bis hin zu Krampfanfällen führen; dies kann dann leicht mit anderen organischen Leiden verwechselt werden.

Auch schwere Stoffwechselstörungen können die Folge sein.

Ursachen

Als Ektoparasiten können Flöhe, Läuse, Zecken oder Milben im Fell vorkommen.

Flöhe kann man mit bloßem Auge überall im Fell sowie im Hundekorb oder -lager hüpfen und rennen sehen. Darüber hinaus hinterlassen sie ihren Kot in Form von winzigen schwarzen Krümeln, die zwischen den Haaren hängen.

Auch Läuse können Sie mit bloßem Auge erkennen. Sie sitzen bevorzugt an Hals und Oberlippe. Beim Zerdrücken zwischen den Fingernägeln knacken sie. Zwischen den Haaren kleben die typischen Lauseier, die sog. Nissen.

Zecken setzen sich mit ihrem Kopf in der Haut des Hundes fest, saugen sich mit Blut voll und fallen dann – um ein Vielfaches an Umfang zugenommen – von selbst ab. Meist bilden sich an diesen Stellen kleine Knötchen in der Haut. Zecken befallen bevorzugt Kopf und Hals des Hundes.

Milben sind sehr klein und mit dem bloßen Auge kaum (Grasmilben) oder nicht mehr (Räudemilben) zu entdecken.

Grasmilben sieht man meist im Frühjahr und Herbst bevorzugt um die Schnauze und zwischen den Zehen des Hundes als kleine rötliche Pünktchen; sie treten ebenso an den Oberschenkelinnenflächen, am Bauch und in der Umgebung der Geschlechtsteile auf.

Räude kann entweder von der Demodex-Milbe oder der Sarcoptes-Milbe verursacht werden. Die *Demodex-Milbe* befällt die Haarbälge und führt zu schuppigem Hautausschlag mit Haarausfall oder eitrigen Sekundärinfektionen. Die *Sarcoptes-Milbe* gräbt in den äußeren Hautschichten und legt dort auch ihre Eier ab. Der Juckreiz ist in diesem Fall fast unerträglich für den Hund. Bevorzugt befallen diese Milben die Vorderläufe, den Ohr- und Augenbereich sowie die Schwanzbasis.

Wichtig: Die Sarcoptes-Milbe kann auch den Menschen befallen und zu stark juckenden Ausschlägen führen. Deshalb sollten Sie bei Verdacht auf Räudemilben sofort einen Therapeuten aufsuchen.

Selbstmaßnahmen

Ein optimaler und natürlicher Zeckenschutz sind die Formel-Z-Tabletten (→Seite 8). Stellen Sie trotzdem eine Zecke fest, so entfernen Sie diese mittels einer Zeckenzange. Bleibt der Kopf im Tierkörper stecken, kann er schlimme Entzündungen hervorrufen.

Zeckenhalsbänder sind wenig sinnvoll, da ihre chemischen Substanzen durch die Haut in den Organismus gelangen. Manche Hunde reagieren sogar allergisch mit Juckreiz oder lokalem Haarverlust darauf.

Gegen Flöhe, Läuse und Milben ist leider noch kein Kraut gewachsen, aber Erfahrungen aus der Praxis haben gezeigt, daß sich auch der Floh- und Läusebefall reduziert, wenn die Tiere Formel-Z-Tabletten verabreicht bekommen (→Seite 8).

Bei massivem Befall müssen Sie Ihren Hund beim Entgiftungsvorgang unterstützen, damit die durch die Parasiten übertragenen Krankheitskeime keinen Schaden anrichten können. Geben Sie ihm jeden 2. Tag 1mal 5 bis 10 Tropfen Sulfur C30 oder Dermisal für ungefähr 1 Woche. Dann schleichen Sie sich aus der Therapie aus.

● **Bach–Blüten**

Zur psychischen Unterstützung verabreichen Sie Crab Apple.

Wann zum Therapeuten?

Sie müssen auf jeden Fall zum Therapeuten, wenn das Tier nach bekanntem Ektoparasitenbefall plötzlich Veränderungen im Allgemeinbefinden zeigt oder wenn sogar Krampfanfälle auftreten, das Tier ab und zu geistesabwesend in eine Ecke starrt oder nicht ansprechbar ist.

Welche Therapiemaßnahmen beim Therapeuten?

Sicherlich kommt die Nosodentherapie zur spezifischen Entgiftung zum Einsatz. Mit homöopathischen Konstitutionsmitteln wird der Therapeut gestörte Stoffwechselfunktionen wieder regulieren und anregen.

Sie werden in die Technik der Farbtherapie eingewiesen.

5

Vor- und Nachsorge

Geben Sie zur Vorbeugung in den Monaten im Frühjahr und Herbst, wo man mit Zecken rechnen muß, Formel-Z-Tabletten (→Seite 8) ins Futter. Es schadet dem Hund nicht, auch wenn kein Parasitenbefall vorliegt.

Achten Sie bei der Fellpflege auf Ektoparasiten.

Entzündete Analdrüsen

Die Analdrüsen liegen beiderseits des Afters und entleeren sich normalerweise mit dem Kotabsatz regelmäßig von selbst. Bei manchen Hunden funktioniert der Entleerungsmechanismus nicht oder nur eingeschränkt, so daß es zu Entzündungen der Analdrüsen kommen kann.

Krankheitsbild

Einen Hinweis auf verstopfte oder entzündete Analdrüsen liefert das auffällige Verhalten des »Schlittenfahrens« (→Seite 114).

Zudem beißt und schleckt der Hund vermehrt oder auch unvermittelt plötzlich am After. Er läuft »seinem eigenen Schwanz nach«, da er einen permanenten oder auch nur kurzzeitigen Reiz in der Aftergegend verspürt.

Beim Kotabsatz hat er Beschwerden, auch die Berührung des Afters, etwa bei der Säuberung, bereitet dem Hund Schmerzen. Beim Kotabsatz tritt ein äußerst übler Geruch auf.

Sind die Analdrüsen verstopft und das Sekret wird gestaut, kann es zu Fistelbildung und Entzündungen bis hin zur Vereiterung kommen.

Ursachen

Durch Durchfall oder Absatz von überwiegend weichem Kot wird der Mechanismus der Selbstentleerung der Analdrüsen nicht ausgelöst.

Auch eine erbliche Veranlagung kann die Ursache dafür sein.

Selbstmaßnahmen

Reinigen Sie die Aftergegend mit verdünnter Calendula-Essenz und bestreichen Sie den After dann dünn mit Hamamelis-Salbe.

● Naturheilmittel

Verabreichen Sie 3mal täglich je 1 Tablette Traumeel und Paeonia. Ist das Tier sehr berührungsempfindlich, bekommt es zusätzlich 1 Hepar sulfuris-Injeel-Trinkampulle täglich.

Wann zum Therapeuten?

Ein Besuch beim Therapeuten ist empfehlenswert, wenn sich trotz Ihrer Therapie die Symptomatik nach 5 Tagen nicht bessert.

Welche Therapiemaßnahmen beim Therapeuten?

Sind die Analdrüsen verstopft, wird sie der Therapeut ausdrücken oder ausspülen. Mit Hilfe von homöopathischen Einzelmitteln wird er die Schmerzen lindern und bestehende Entzündungen behandeln.

Zur Unterstützung der Maßnahmen werden Sie in die Technik der Farbtherapie eingewiesen.

Wasserharnruhr

Darunter versteht man eine Störung der Wasserregulierung im Organismus. Die Wasserharnruhr (Diabetes insipidus) tritt häufiger bei alten Hunden auf.

Krankheitsbild

Das Tier trinkt plötzlich sehr viel (mehrere Liter) und scheidet auch dementsprechend viel Harn aus. Dieser ist klar und wäßrig. Meist will der Hund auch nachts zum Harnabsatz vor die Tür.
Als Begleiterscheinung wirkt das Fell stumpf, struppig und trocken, das Gewebe, zum Beispiel im Maul, trocknet aus. Der Hund nimmt ab und wird lustlos, es kann zu Koordinationsstörungen und zur Erblindung kommen.

Ursachen

Der Wasserharnruhr liegt meist eine Störung der Hypophyse, etwa durch ein Tumorgeschehen, oder ein Nebennieren-Tumor zugrunde.

Selbstmaßnahmen

Wichtig: Selbstmaßnahmen sind nicht empfehlenswert, die Ursache muß vom Therapeuten behandelt werden.

● **Bach–Blüten**
Geben Sie Ihrem Hund Olive und Hornbeam, wenn er lustlos und abgeschlagen wirkt.

Wann zum Therapeuten?

Sie sollten sofort zum Therapeuten gehen, wenn das Tier übermäßig viel trinkt und Sie nachts mit ihm vor die Tür müssen.

Welche Therapiemaßnahmen beim Therapeuten

Durch den Einsatz von homöopathischen Einzelmitteln wird die Tätigkeit der Hypophyse oder Nebennieren reguliert. Zur Verbesserung der Zellsituation werden homöopathische Zellsubstanzen oder die Zytoplasmatische Therapie eingesetzt.

Rasse–Dispositionen

Von der Wasserharnruhr sind Pudel und Boxer besonders betroffen.

Zuckerkrankheit

5

Die Zuckerkrankheit (Diabetes mellitus) beruht auf einem Mangel an Insulin. Dieses Hormon wird in der Bauchspeicheldrüse gebildet. Zuckerkrankheit tritt vor allem bei älteren Hunden auf.

Krankheitsbild

Der Hund zeigt ein gesteigertes Durstgefühl nebst gehäuftem Harnlassen. Typisch ist der obstartige Geruch aus dem Fang. Das Fell ist glanzlos. Obwohl der Hund einen guten Appetit zeigt, magert er zunehmend ab.

Im Verlauf der Zuckerkrankheit kann es zu allgemeinem Juckreiz, Erbrechen und Apathie sowie einer beschleunigten Atmung kommen. Auch Linsentrübung bis hin zur Blindheit kann auftreten. Durch die übermäßige Flüssigkeitsausscheidung kann der Hund in Koma fallen und letztendlich sterben.

Ursachen

Ursache ist eine verringerte Produktion des Hormons Insulin, hervorgerufen durch eine Funktionsstörung der Bauchspeicheldrüse, die entweder angeboren oder eine Folge einer Hypophysen-Fehlfunktion sein kann.

Aber auch Fehlernährung, Trächtigkeit, Scheinträchtigkeit, Streßsituationen oder Reaktionen auf bestimmte Chemikalien können die Zuckerkrankheit auslösen.

Selbstmaßnahmen

Verabreichen Sie Ihrem Hund eine eiweißreiche Diät (→Seite 111), sofern er nicht zusätzlich an einer schweren Nierenerkrankung leidet.

Wichtig: Geben Sie dem Tier öfter am Tag eine kleine Menge Futter.

● **Naturheilmittel**

Hilfreich sind Syzygium comp.-Tropfen, von denen Sie Ihrem Hund 1- bis 3mal täglich 5 bis 10 Tropfen verabreichen.

Wann zum Therapeuten?

Wenn Sie die typischen Anzeichen einer Zuckerkrankheit bei Ihrem Tier feststellen, müssen Sie auf jeden Fall zur Abklärung des Krankheitsgrades einen Therapeuten aufsuchen.

Welche Therapiemaßnahmen beim Therapeuten?

Mit homöopathischen Einzelmitteln wird der Therapeut die Funktion der Bauchspeicheldrüse anregen und mit homöopathisierten Zellpräparaten das Organ aufbauen.

Zur Unterstützung der Therapie wird er Sie in die Technik der Farbtherapie einweisen.

Vor- und Nachsorge

Achten Sie auf eine artgerechte, ausgewogene Ernährung (→Seite 14) und verhindern Sie, daß Ihr Hund zu fett wird.

Rasse-Dispositionen

Zuckerkrankheit tritt gehäuft bei den Rassen Dackel und Spaniel auf, und dann meist bei älteren Tieren.

Erkrankungen der Nerven und des Bewegungsapparates

Muskelkater

Krankheitsbild

Meist treten am Tag nach einer Überanstrengung Probleme beim Aufstehen und zu Beginn der Bewegung auf, die dann zwar schwächer werden, aber noch einige Zeit bestehen bleiben.

Auch bei der Arthrose (→Seite 89) hat der Hund Probleme beim Aufstehen und zu Beginn der Bewegung. Doch im Unterschied zum akuten Muskelkater ist Arthrose eine chronische Erkrankung.

Ursachen

Ursache ist eine Überanstrengung der Muskulatur (der sog. Muskelkater), die eine Übersäuerung derselben zur Folge hat.

Selbstmaßnahmen

Wichtig: Schonen Sie Ihren Hund jetzt nicht übermäßig, aber strapazieren Sie ihn auch nicht weiter.

Gehen Sie an den nächsten 2 Tagen lieber mehrmals, dafür aber kürzer spazieren, denn durch die Bewegung reguliert sich die Übersäuerung.

● **Naturheilmittel**
Sie können die Muskulatur durch 1 Tablette Arnica C30 täglich unterstützen.

Vor- und Nachsorge

Überstrapazieren Sie Ihren Hund nicht beim Spielen und Toben, wenn er keine Bewegung gewöhnt ist. Gewöhnen Sie ihn langsam an ausgedehntere Spaziergänge.

Bandscheibenvorfall

Diese Erkrankung betrifft überwiegend Hunderassen mit auffallend langem Rücken. Sie ist eine sehr schmerzhafte Erkrankung, die im chronischen Stadium eine Lähmung des hinteren Bewegungsapparates nach sich zieht (sog. Dackellähme).

Krankheitsbild

Im Anfangsstadium bestehen deutliche Schmerzen im Bewegungsapparat, die eine manchmal fast schlagartige Lähmung zur Folge haben können. Das Tier hat speziell beim Treppauf-laufen Probleme, deshalb läßt es sich gern hinauftragen. Der Hund vermeidet es auch, auf einen erhöhten Gegenstand zu springen, weil diese Bewegungen schmerzen. Hebt man ihn am Bauch hoch, so bereitet das Durchbiegen der Wirbelsäule Schmerzen. Beim Streicheln über den Rücken zieht sich die Rückenmuskulatur krampfartig zusammen.

Während des normalen Bewegungsablaufes rutscht das Hinterteil weg, der Gang ist unsicher. Im späteren Stadium kann das Tier seine Hinterläufe infolge einer Lähmung nicht mehr bewegen.

6

Es zieht sich nur noch mit den Vorderläufen vorwärts. Im Endstadium ist die Hinterhand vollständig gelähmt, der Hund reagiert auch nicht mehr auf Zwicken in die Hinterbeine (Reflexverlust). Zu diesem Zeitpunkt kann es sowohl zu unkontrolliertem Abgang von Harn und Kot als auch zu Urin- und Stuhlverhalten kommen.

Ursachen

Die allmähliche Lähmung der Hinterhand wird durch einen Bandscheibenvorfall ausgelöst, der die Folge einer Abnutzungserscheinung im Wirbelsäulenbereich ist. Diese Abnutzungserscheinungen treten im Alter gehäuft auf.
Ein Bandscheibenvorfall kann aber auch durch eine schnelle, hektische Bewegung hervorgerufen werden. Als Folge kann sich eine Lähmung manifestieren (Dackellähme).

Selbstmaßnahmen

Wichtig: Eine völlige Ruhestellung ist nur im Anfangsstadium angebracht! Später ist es wichtig, daß Sie mit Ihrem Hund öfter kleine Bewegungsabläufe unternehmen, da sich sonst zusätzlich ein Muskelschwund einstellt.

Durch Reduzieren des Gewichtes können Sie den Bewegungsapparat des Hundes enorm entlasten.

● Naturheilmittel
Geben Sie dem Hund Colocynthis-Hcc.-Tropfen und 2mal wöchentlich Discus comp.-Trinkampullen. Hat das Tier Probleme beim Kotabsatz, können Sie mit Nux vomica-Hcc.-Tropfen helfen. Ist das Tier zu Beginn der Erkrankung sehr schmerzempfindlich, helfen auch Traumeel-Tabletten und Hypericum-Injeel-Trinkampullen. Zur Dosierung →vordere Umschlagseite.

● Bach-Blüten
Mit Bach-Blüten können Sie psychische Mißstimmungen behandeln.

Reagiert Ihr Hund	geben Sie ihm
lustlos und desinteressiert	Hornbeam
gerät es leicht in Panik	Rock Rose
ungeduldig	Impatiens
überaktiv	Vervain
launenhaft	Scleranthus

Wann zum Therapeuten?

Sie sollten immer einen Therapeuten aufsuchen, wenn Ihr Hund Beschwerden oder Lähmungserscheinungen im Bewegungsapparat zeigt.

Welche Therapiemaßnahmen beim Therapeuten?

Der Therapeut wird die Zytoplasmatische Therapie zur Regeneration der Wirbelkörper einsetzen. Mit der Laser-Akupunktur wird er vorhandene Blockaden auf den Meridianen der Wirbelsäule lösen, mit homöopathischen Einzelmitteln die Schmerzen behandeln und die Gesamtverfassung des Tieres stabilisieren.
Zur Unterstützung aller Maßnahmen dienen Vitamin-B-Gaben, außerdem wird er Sie in die Technik von Akupressur und Farbtherapie einweisen.

Vor- und Nachsorge

Wenn Ihr Hund zu einer der Rassen gehört, die besonders anfällig sind für Bandscheibenvorfall, sollten Sie auf Kunststückchen wie »Männchen-machen« oder unnötige Hochsprung-Manöver verzichten. Wenn möglich, sollte der Hund auch keine Treppen laufen.
Überfüttern Sie Ihren Hund nicht!

Rasse-Dispositionen

Dackel und andere chondrodystrophische Rassen (→Seite 122) wie Pekinese, Französische Bulldogge, Basset, Beagle, Pudel oder Spaniel neigen bevorzugt zu Bandscheibenvorfall.

Arthritis

Arthritis und Arthrose haben ähnliche Krankheitsbilder, doch im Gegensatz zur Arthrose ist die Arthritis eine entzündliche Erkrankung.

Krankheitsbild

Die Gelenke sind angeschwollen und wärmer als normal; manchmal hat der Hund auch Fieber. Er hat keine Probleme beim Aufstehen und zu Beginn der Bewegung (→Arthrose), doch im weiteren Verlauf der Bewegung beginnt er zu lahmen.
Häufig ist nur ein bestimmtes Gelenk betroffen; es können die Symptome auch an mehreren Gelenken gleichzeitig auftreten (sog. Polyarthritis).
Die Schmerzen verschlimmern sich bei Wärme.

Ursachen

Meist geht der Arthritis eine schwere Entzündung im Organismus voraus, die mit ihren Toxinen bis in die Gelenke ausstrahlt. Auch als Folge von Verletzungen kann eine Gelenkentzündung entstehen. Dies sollte man auch bedenken, wenn zwischen der Verletzung und dem Auftreten der Arthritis ein längerer Zeitraum verstrichen ist.

Selbstmaßnahmen

Gehen Sie nur kurze Strecken spazieren, damit das Tier zwar seinen nötigen Auslauf hat, sich aber nicht überanstrengt.

Wichtig: Ihr Hund braucht sehr viel Ruhe! Reduzieren Sie den Fleischanteil im Futter, geben Sie mehr Gemüse, Reis oder Magerquark.

● Naturheilmittel

Verabreichen Sie 3- bis 5mal täglich 1 Tablette Traumeel sowie zusätzlich täglich 1 Bryonia-Injeel-Trinkampulle und 3mal 1 bis 2 Zeel-Tabletten.

● Bach-Blüten

Sollte das Tier infolge der Erkrankung zu Depressionen neigen, geben Sie Olive und Hornbeam.

Wann zum Therapeuten?

Sie sollten einen Therapeuten aufsuchen, wenn sich trotz Ihrer Therapie der Bewegungsablauf des Hundes nicht bessert.

Welche Therapiemaßnahmen beim Therapeuten?

Mit homöopathischen Einzelmitteln wird die Gesamtverfassung des Tieres günstig beeinflußt. Zur spezifischen Entgiftung wird der Therapeut Nosoden einsetzen. Mit Hilfe der Zytoplasmatischen Therapie kann er die betroffenen Gelenke regenerieren. Zusätzlich wird er Sie in die Technik der Farbtherapie beziehungsweise Akupressur einweisen.

Vor- und Nachsorge

Überanstrengen Sie Ihr Tier generell nicht.

Arthrose

Unter Arthrose werden Verschleißerscheinungen bestimmter Gelenke zusammengefaßt. Diese Erkrankung betrifft zum großen Teil alte Tiere.

6

Eine Heilung ist nicht möglich, doch durch den Einsatz von Naturheilverfahren können die Schmerzen gelindert werden.

Krankheitsbild

Das Tier hat eindeutige Probleme beim Aufstehen und zu Beginn der Bewegung. Es läuft zunächst eckig oder humpelnd und läuft sich dann langsam ein. Bei langandauernder Bewegung werden die Schmerzen wieder stärker, das Tier beginnt erneut zu hinken und ruht sich gern aus.
Die Beschwerden verschlimmern sich meist bei Nässe und Kälte.

Ursachen

Ursache sind Verschleißerscheinungen. Das bedeutet, daß die Gelenkschmiere (Synovia), die sich zu Beginn der Bewegung im Gelenk bildet, bei längerer Belastung sehr schnell verbraucht wird, ohne nachgebildet zu werden.
Verschleißerscheinungen sind altersbedingt, sie können aber auch bei jüngeren Tieren auftreten, deren Gelenke fehlbelastet oder überlastet werden. Bei einigen Rassen kann Arthrose auch erblich bedingt sein.

Selbstmaßnahmen

Wichtig: Dehnen Sie die Spaziergänge nicht zu lange aus. Gehen Sie öfter, dafür aber nur kurz (etwa 10 bis 20 Minuten) hinaus.

Mischen Sie ein Gelatinemittel ins Futter, beispielsweise Gerontamin. Zur Stabilisierung des Bindegewebes geben Sie ATR20 oder ATR9 ins Futter. Die Dosierung der letzteren richtet sich nach dem Gewicht des Hundes.

● **Naturheilmittel**
Geben Sie 3mal täglich 1 bis 2 Tabletten Zeel und mehrmals über den Tag verteilt 1 bis 2 Tabletten Traumeel. Zusätzlich hilft täglich 1 Tablette Rhustoxicodendron C30.

● **Bach–Blüten**
Verabreichen Sie Ihrem Tier Hornbeam, wenn es unmotiviert erscheint; Mustard, wenn es traurig oder deprimiert ist; Willow, wenn es schlecht gelaunt ist.

Wann zum Therapeuten?

Sie sollten einen Therapeuten aufsuchen, wenn sich die Beschwerden bei Ihrem Hund trotz des Therapieversuchs nicht deutlich verbessern, wenn er beim Gehen unkontrolliert einknickt oder wenn sich die Beschwerden eher verschlimmern.

Welche Therapiemaßnahmen beim Therapeuten?

Der Therapeut wird die Klassische Homöopathie zur Verbesserung der Gesamtverfassung und Unterstützung der Bewegungsabläufe einsetzen. Mit Hilfe der Laser-Akupunktur wird er vorhandene Blockaden auf den Gelenkmeridianen lösen. Zur Unterstützung der Akupunktur wird er Sie in die Technik der Akupressur einweisen.
Durch den Einsatz der Zytoplasmatischen Therapie kann man Gewebe, Knorpel, Bänder, Muskeln und Sehnen um das erkrankte Gelenk festigen und dadurch die Beschwerden lindern.
Auch die Farbtherapie kommt zur Anwendung.

Vor– und Nachsorge

Bei bekannter erblicher Disposition sollten Sie das Tier bereits von klein auf nicht überanstrengen und es nicht springen lassen. Stellen Sie ihm eine feste Matratze zur Verfügung, damit es nicht auf dem kalten, harten Boden liegen muß.

Tragen Sie Sorge, daß die Gelenke nicht durch Übergewicht zusätzlich belastet werden; wenn das Tier schon an Übergewicht leidet, sollten Sie die Futtermenge reduzieren.

Tiere mit einer erblich bedingten Arthrose sollten generell von der Zucht ausgeschlossen werden!

Rasse-Dispositionen

Arthrose tritt überwiegend bei großen, schweren Hunderassen auf, die unter einer vererbten Hüftgelenksdysplasie leiden.

Im Alter können aber auch kleinere Hunderassen an Alters-Arthrose erkranken.

Neuralgie

Neuralgien sind akute Nervenschmerzattacken, die nicht nur in Bewegung, sondern aus heiterem Himmel auch in Ruhe auftreten können.

Krankheitsbild

Das Tier schreit urplötzlich auf und vermeidet jede Bewegung, da sie stark schmerzt.

Meist ist es sehr berührungsempfindlich und schnappt sogar nach der Bezugsperson.

Ursachen

Die Schmerzen werden durch eine Entzündung der Nerven verursacht. Diese kann eine Folge von Zugluft sein. Aber auch Toxine, die an anderer Stelle im Organismus wirken, können Nervenentzündungen hervorrufen.

Wichtig: Wird eine Neuralgie nicht behandelt, kann es zu gravierenden Störungen der betroffenen Nervenbahnen kommen, die sogar bis hin zu Lähmungen reichen können.

Selbstmaßnahmen

Wichtig: Gewähren Sie Ihrem Hund unbedingt Ruhe!

● **Naturheilmittel**
Geben Sie Ihrem Hund mehrmals am Tag 1 Tablette Hypericum D4. Zusätzlich verabreichen Sie Gelsemium-Hcc.-Tropfen, wenn sich die Schmerzen auf den Kopf-Nackenbereich konzentrieren. Sind eher der Lendenwirbelsäulenbereich oder die Hüften betroffen, geben Sie zusätzlich Colocynthis-Hcc.-Tropfen. Zur Dosierung →vordere Umschlagseite.

● **Bach-Blüten**
Reagiert Ihr Hund aufgrund der Schmerzen lustlos und desinteressiert, geben Sie ihm Hornbeam; ist er aggressiv, bekommt er Holly oder Beech.

Wann zum Therapeuten?

Wenn die Symptomatik trotz Ihrer Therapie nach 4 bis 5 Tagen nicht abklingt, sollten Sie einen Therapeuten aufsuchen.

6

Welche Therapiemaßnahmen beim Therapeuten?

Mit homöopathischen Einzelmitteln wird die Gesamtverfassung des Tieres gestützt, mit Nosoden eventuell vorliegende toxische Belastungen ausgeleitet. Mit Laser-Akupunktur werden Blockaden auf den Meridianen gelöst.

Zur Unterstützung der Maßnahmen werden Sie in die Technik von Akupressur und Farbtherapie eingewiesen.

Vor- und Nachsorge

Sorgen Sie dafür, daß der Hund nicht unnötig Zugluft, Nässe oder Kälte ausgesetzt ist.

Rasse-Dispositionen

Zu Neuralgien neigen vermehrt kurzhaarige Hunderassen.

Krampfanfälle

Krämpfe sind Zuckungen, die mit unterschiedlicher Intensität und Dauer durch den ganzen Körper des Tieres laufen. Hunde aller Altersstufen können davon betroffen sein.

Krankheitsbild

A) Durch den ganzen Körper laufen Zuckungen. Zusätzlich ist der Blick starr, die Maulschleimhäute sind hell.
B) Der Hund hat Krampfanfälle, die sich immer wiederholen. Anfangs treten die Anfälle nur gelegentlich auf und dauern nur Sekunden bis max. 1 Minute. Wenn nicht behandelt, wird der Zeitabstand zwischen zwei Anfällen immer geringer. Auch die Dauer kann zunehmen.
Meist geht einem Anfall eine gewisse Unruhe beim Tier voraus. Aus vollem Wohlbefinden heraus bleibt es plötzlich unvermittelt stehen, starrt vor sich hin, seine Pupillen sind geweitet. Später stürzt es und streckt die Gliedmaßen krampfend von sich. Es folgen Muskelzuckungen, Strampeln, Verdrehen des Kopfes, schaumiges Speicheln. Harn und Kot können spontan entleert werden. Das Tier ist bewußtlos.
Beißt sich der Hund während des Anfalls auf die Zunge, kann der schaumige Speichel vom Blut hellrot gefärbt sein.

Ist der Anfall vorüber, ist das Verhalten der meisten Tiere so, als wäre nichts gewesen. Allerdings haben sie vermehrt Durst oder sogar Hunger.
Mit jedem Krampfanfall können Gehirnzellen irreparabel geschädigt werden. Dadurch kann es mit der Zeit auch zu Wesens- und Verhaltensveränderungen beim Tier kommen.
C) Der Hund kauert sich wimmernd zusammen, im Bauchbereich ist er berührungsempfindlich. Meist bringt etwas Bewegung oder Kotabsatz Erleichterung.
D) Die Muskulatur im Bereich der betroffenen Gelenke zieht sich krampfartig zusammen.
E) Nach einer Impfung treten beim Hund Krampfanfälle auf.

Ursachen

A) Ursachen können sein Gehirnverletzungen oder Gehirntumore sowie eine zeitweise Unterversorgung des Gehirns mit Sauerstoff.
Weitere Verursacher können bestimmte Infektionskrankheiten sein wie Leptospirose, Aujeszky-Erkrankung oder Tollwut, sowie Vergiftungen, Stoffwechselstörungen oder starker Wurmbefall.
B) Bei diesen Symptomen ist die Ursache meist eine »Epilepsie« (= Fallsucht), die erblich bedingt ist. Aber auch Zecken oder Flöhe übertragen bestimmte Bakterien, die epilepsieartige Anfälle auslösen können. Diese müssen unbedingt von einem Therapeuten von einer »echten« Epilepsie abgegrenzt werden.
C) Blähungen aufgrund falscher Fütterung oder im Darm lebende Würmer (→Seite 57) können Krämpfe auslösen.
D) Auslöser ist ein Mineralstoffmangel.
E) Dies läßt auf eine Überreaktion auf das Impfserum schließen.

Selbstmaßnahmen

Wichtig: Für alle unter A) genannten Ursachen ist eine Selbsttherapie nicht angebracht. Geben Sie dem Hund Rescue-Tropfen und gehen Sie dann zum Therapeuten.

B) Wenn es Ihnen möglich ist, bringen Sie Ihren Hund während des Anfalls in einen abgedunkelten Raum. Lagern Sie ihn so, daß er sich während der Bewußtseinsstörung nicht selbst verletzen kann. Beruhigen Sie den Hund mit Streicheln und leisem Zureden. Sobald er wieder bei Bewußtsein ist, verabreichen Sie die Rescue-Tropfen (Bach-Blüten). Alle 15 Minuten geben Sie 1 Tablette Belladonna D12, die Sie zerpulvert auf die Zunge streichen (→Seite 106). Tropfen eignen sich hier nicht so gut, weil sie Alkohol enthalten.
Zum Schutz der Gehirnzellen geben Sie nach jedem Anfall $1/2$ Trinkampulle Cerebrum comp.
C) Geben Sie in den nächsten 2 Stunden alle 15 Minuten 1 Spascupreel-Tablette, dann über die nächsten Tage – solange die Symptome bestehen – 3mal 1 Tablette. Danach schleichen Sie sich aus der Therapie aus.
D) Verabreichen Sie 1- bis 2mal täglich 1 Dragee Magnesium-Verla.
Beruhigen Sie das Tier und massieren Sie seine Läufe ganz leicht »zum Herzen« hin.
E) Verabreichen Sie einmalig 1 Trinkampulle Thuja-Injeel.

● **Bach–Blüten**
Bei allen Krankheitsbildern hat sich die gleichzeitige Gabe von spezifischen Bach-Blüten bewährt. Diese sollten aber von Fall zu Fall vom Therapeuten bestimmt werden.

Wann zum Therapeuten?

Bei Vorliegen einer der unter A) genannten Ursachen sollten Sie immer zum Therapeuten gehen. Auch bei allen anderen Krankheitsbildern ist ein Besuch bei einem Therapeuten ratsam!

Welche Therapiemaßnahmen beim Therapeuten?

Mit Hilfe der Bioresonanzanalyse wird der Therapeut die Primärursache abklären.
Die Klassische Homöopathie wird er als Konstitutionstherapie einsetzen, um die Zeitabstände zwischen den einzelnen Krampfanfällen zu verlängern, die Zytoplasmatische Therapie, um die Gehirnfunktionen zu schützen und zu verbessern.
Sind nachweislich erworbene Toxine die Auslöser der Krämpfe, so kann der Therapeut diese zum Schutz des Gesamtorganismus mit Hilfe der Nosodentherapie spezifisch ausleiten.
Zur Unterstützung der Behandlung werden Sie in die Technik der Farbtherapie eingewiesen.

Vor– und Nachsorge

A) Zum Schutz gegen Zecken verabreichen Sie Formel-Z-Tabletten. Vergessen Sie nicht die regelmäßigen Tollwutimpfungen.
B) Um keinen erneuten Anfall zu provozieren, sollten Sie jegliche Art von Streß oder Aufregung vermeiden.
C) und D) Eine artgerechte Ernährung (→Seite 14) ist die beste Vorsorge.

Rasse-Dispositionen

Zu Krampfanfällen neigen bevorzugt die Rassen Golden Retriever, Pudel, Dackel und Schnauzer.

6

Kranke Psyche

Angst

Zur Überwindung von Angst ist Ihr Hund auf Ihre Unterstützung angewiesen!

Wenn Ihr Hund ständig ängstlich reagiert, kann sich dieser »psychische Streß« negativ auf die Schwachpunkte der Organe auswirken.

Krankheitsbild

A) Bei jedem fremden oder lauten Geräusch verkriecht sich das Tier sofort in die hinterste Ecke, wo es zitternd und/oder wimmernd liegenbleibt. Nur mit Mühe läßt es sich hervorlocken.

B) Das Tier wird immer wieder durch die gleiche Situation in Angst versetzt; das können bestimmte Personen oder Artgenossen sein.

Der Hund reagiert immer ängstlich, sobald er in eine ihm ungewohnte Umgebung kommt.

C) Das Tier geht sofort kläffend auf einen Artgenossen zu und signalisiert: »Komm' mir ja nicht zu nahe!« Selbst ganz kleine Hunde bellen große an.

D) Beim Spaziergang greift der Hund alles an, was sich Ihnen nähert, egal ob Tier oder Mensch.

Ursachen

A) Manche Tiere sind bereits von Geburt an ängstlich und schreckhaft.

B) Zu einem früheren Zeitpunkt löste eine Person oder ein Artgenosse eine seelische Störung durch ein Fehlverhalten aus. Solche Traumen blockieren die normale Reaktion Ihres Tieres. Das kann sich letztlich auch so auswirken, daß der Hund in fremder Umgebung ebenfalls ängstlich reagiert.

C) Das sog. »Angstbeißen« ist eine aggressive Form der Angst; die »normale« Form wäre die Flucht.

D) Der Hund zeigt Ihnen gegenüber einen stark ausgeprägten Beschützerinstinkt.

Selbstmaßnahmen

Wichtig: Schimpfen Sie nie mit dem Tier, wenn es in einer Situation ängstlich reagiert, die Ihnen unverständlich, ja lapidar erscheint, sonst verliert es das Vertrauen zu Ihnen.

● **Naturheilmittel**

Wenn das Tier sehr nervös und hektisch-ängstlich ist, geben Sie Nervoheel-Tabletten. Dadurch regulieren Sie auf sanfte Weise seine innere Unruhe.

● **Bach–Blüten**

Reagiert das Tier mit	verabreichen Sie ihm
spezifischer Angst	Mimulus und Rescue-Tropfen
allgemeiner Angst	Aspen und Rescue-Tropfen
Angst nach .... seelischem Trauma	Star of Bethlehem
Unentschlossenheit	Cerato
Minderwertigkeitsgefühl	Larch
übertriebenem Beschützerinstinkt	Red Chestnut
Panik	Rock Rose
unter Strom stehend	Cherry Plum

Die Rescue-Tropfen sind nur für »Notfälle« gedacht und können dann weggelassen werden, wenn sich das Verhalten »normalisiert« hat.

Wann zum Therapeuten?

Sie sollten einen Therapeuten aufsuchen, wenn trotz der Bach-Blüten nach ungefähr 4 Wochen keine Besserung eintritt.

Welche Therapiemaßnahmen beim Therapeuten?

Mit homöopathischen Hochpotenzen wird der Therapeut versuchen, die Gesamtverfassung Ihres Tieres zu regulieren. Sie werden ggf. in die Technik der Farbtherapie eingewiesen.
Der Therapeut wird mit Ihnen zusammen spezifische Bach-Blüten für den Hund suchen.

Vor- und Nachsorge

Verhalten Sie sich Ihrem vierbeinigen Freund gegenüber so, daß er das Vertrauen zu Ihnen nicht verliert oder sogar Ihnen gegenüber Angst aufbaut. Wenn Sie sich nicht sicher sind, ob Sie sich richtig verhalten, hilft manchmal auch der Besuch in einer Hundeschule.

Rasse-Dispositionen

Die Zwergrassen sind angeborenermaßen mehr von diesen ausgeprägten spezifischen Ängsten betroffen. Durch Fehlverhalten des Tierhalters kann aber auch bei großen Hunden die Psyche in Unordnung geraten!

Eifersucht

Auf eine Änderung in Ihrem persönlichen Umfeld können Hunde mit Eifersucht reagieren.

Krankheitsbild

A) Das Tier wird aggressiv. Es knurrt den Störenfried an und wehrt ihn ab. Indem es ihn vertreiben möchte, will es seine bisherige Stellung in der häuslichen Rangordnung behaupten.
B) Der Hund macht unentwegt auf sich aufmerksam, indem er Sie aufdringlich zum Spielen animiert, überanhänglich reagiert oder anfängt, sich selbst zu beknabbern.
C) Das Tier reagiert trotzig und setzt plötzlich Urin und Kot in der Wohnung ab, obwohl es vorher stubenrein war.
D) Der Hund reagiert beleidigt, er verweigert die Nahrungsaufnahme und verkriecht sich in eine Ecke.

Ursachen

Alle genannten Krankheitsbilder haben die gleiche Ursache: Der Hund ist eifersüchtig, denn er muß plötzlich Ihre Zuneigung, die bisher nur ihm galt, mit einem/r Lebenspartner/in, einem Baby, einem weiteren Tier oder gar einem Gegenstand teilen.

Selbstmaßnahmen

Schenken Sie dem Tier trotz einer Veränderung in Ihrem häuslichen Umfeld weiterhin Ihre Aufmerksamkeit und lassen Sie es spüren, daß es keinesfalls verdrängt wird.
Sprechen Sie viel mit dem Hund, dann fühlt er sich mit einbezogen und wird eher mit der neuen Situation vertraut.

● **Bach–Blüten**
Zur Regulation seiner psychischen Disharmonie eignen sich die Bach-Blüten hervorragend.

7

Beim Krankheitsbild	geben Sie dem Hund
A)	Holly
B)	Heather
C)	Vine und Crab Apple
D)	Mustard

Vergessen Sie nicht erzieherische Maßnahmen.

Wann zum Therapeuten?

Wenn sich die psychische Situation trotz der Gabe von Bach-Blüten nach ungefähr 3 Wochen nicht entschärft hat, sollten Sie einen Therapeuten um Rat fragen.

Welche Therapiemaßnahmen beim Therapeuten?

Der Therapeut wird die psychische Disharmonie mit homöopathischen Hochpotenzen angehen. Je nach Gemütszustand des Hundes wird er Ihnen weitere Bach-Blüten empfehlen.

Heimweh

Krankheitsbild

A) Das Tier winselt oder bellt, wird aggressiv, zerbeißt Spielsachen oder andere Gegenstände.
B) Der Hund zieht sich deprimiert in eine Ecke zurück. Er verweigert das Futter und läßt sich zu nichts motivieren.
C) Er setzt plötzlich wieder Urin und Kot in der Wohnung ab, obwohl er bereits stubenrein war.
Dauert der Zustand dieser psychischen Disharmonie an, kann dies bei manchen Hunden bis zur Selbstzerstörung führen, indem sie sich selbst Wunden zufügen.

Ursachen

Häufigste Ursache für Heimweh im Welpenalter ist die Trennung des jungen Hundes von seinem Familienrudel.
Bei älteren Hunden kommt Heimweh vor allem dann vor, wenn ihre Bezugsperson verreist und den Hund nicht mitnehmen kann. Häufig landen diese Tiere dann vorübergehend in einer Tierpension oder im Tierheim, oder sie werden bei Freunden oder Verwandten untergebracht.

Selbstmaßnahmen

● **Naturheilmittel**
Geben Sie Ignatia-Injeel-Trinkampullen.
Zur Dosierung →vordere Umschlagseite.

● **Bach-Blüten**
Geben Sie Rescue-Tropfen, wenn die Trennung ansteht. Ist Ihr Hund aggressiv, verabreichen Sie ihm Holly, neigt er zu Traurigkeit, Mustard und Honeysuckle. Bei Trotzreaktionen hilft Vine, will er immer im Mittelpunkt stehen, Heather.

Wann zum Therapeuten?

Wenn das Tier trotz Ihrer Therapie über einen längeren Zeitraum das Futter verweigert und/oder sich nicht motivieren läßt, sollten Sie einen Therapeuten um Rat fragen, um eine ernsthafte, organische Folgeerkrankung zu verhindern.

Welche Therapiemaßnahmen beim Therapeuten?

Mit homöopathischen Hochpotenzen kann die psychische Verstimmung kompensiert werden.

Vor– und Nachsorge

Gewöhnen Sie Ihren Hund vor Antritt einer Reise langsam an die Person, die Sie vertritt, damit er Vertrauen faßt und merkt, daß es ihm auch bei dieser Person gut geht.

Wenn Sie einen Welpen als neues Mitglied in Ihre Familie aufgenommen haben, müssen Sie sich die erste Woche intensiv mit ihm beschäftigen, daß er sich schnell in die neue Umgebung eingewöhnt und das Heimweh nach seiner Hundemutter und seinen Geschwistern verliert.

Sterilisieren oder Kastrieren

Wenn Sie keinen Hundenachwuchs wünschen, gibt es verschiedene Möglichkeiten.

1) Sie passen zweimal im Jahr je eine Woche auf Ihre läufige Hündin auf, daß sie nicht gedeckt wird.

2) Sie lassen den Hund sterilisieren.

3) Sie lassen den Hund kastrieren.

4) Sie lassen die Läufigkeit oder einen ungewollten Deckakt abspritzen. Dies sollten Sie jedoch nicht in Erwägung ziehen, denn dann provozieren Sie die Gefahr einer Tumorerkrankung am Gesäuge oder eine hormonell bedingte Zuckerkrankheit!

Wenn Ihrer Meinung nach Möglichkeit 1) ausscheidet – aus welchen Gründen auch immer –, kommen nur Sterilisation oder Kastration in Frage. Unter *Sterilisation* versteht man das Durchtrennen der Eileiter bei der Hündin beziehungsweise das Unterbinden der Samenleiter beim Rüden. Dadurch bleiben die Läufigkeitssymptome sowie die Libido erhalten, weil keine hormonproduzierenden Keimdrüsen entfernt werden.

Bei der *Kastration* werden bei der Hündin Eierstöcke und Gebärmutter, beim Rüden die Hoden total entfernt.

An dieser Gegenüberstellung sehen Sie, daß die Sterilisation der weniger einschneidende Eingriff in den Organismus Ihres Hundes ist. Sie ist der Kastration vorzuziehen, wenn Sie »nur« verhindern wollen, daß Sie Hundenachwuchs bekommen.

Als Folgen einer Kastration kann der Hund träge, müde, faul und lustlos werden. Meist neigt er dann zur Freßsucht. Außerdem kann auch Harnträufeln (→Seite 62) als Folge auftreten. Bei manchen Tieren kommt es infolge des gestörten Hormonstatus zu Hauterkrankungen.

Diese Folgen können auch durch Naturheilverfahren nicht mehr reguliert werden, da ja kein »Organ zur Regulierung« mehr vorhanden ist. Meist müssen dann diese Hormone gespritzt werden, die durch den Eingriff nicht mehr produziert werden.

Wenn Sie trotzdem Ihren Hund kastrieren lassen und danach die genannten Symptome feststellen, gehen Sie bald zum Therapeuten. Er wird mit speziellen homöopathischen Einzelmitteln versuchen(!), die im Organismus verbliebenen Hormonspender (wie die Nebenniere) anzuregen, die einen geringen Teil an Geschlechtshormonen mitproduzieren. Eine eventuelle Hypophysenfunktionsschwäche wird er mit homöopathisierten Zellpräparaten behandeln, zur Regeneration wird er die Zytoplasmatische Therapie einsetzen.

Operationen

Bei manchen Krankheiten kommt auch der Therapeut nicht um eine Operation oder Narkose herum, etwa, wenn massiver Zahnstein entfernt oder ein Zahn gezogen werden muß.

Auch wenn die Operation in einer Klinik oder bei einem Tierarzt erfolgt, können Sie mit der Gabe von Naturheilmitteln sowohl vor als auch nach der Operation dem Tier Hilfestellung geben.

7

<u>Vor der Operation</u> erzielen Sie dadurch eine bessere Verträglichkeit des Narkose-Mittels, außerdem halten Sie so auch den zusätzlichen psychischen Streß so gering wie möglich.

<u>Nach der Operation</u> unterstützen Sie eine schnellere Wundheilung und lindern die Narkose-Nachwirkungen.

Operationsvorsorge

Geben Sie dem Tier einmalig etwa 30 Minuten vor der Narkose 5 Tropfen Rescue (Bach-Blüten) in einem Teelöffel stillen Wassers verdünnt direkt ins Maul und zusätzlich 1 Tablette (oder 5 bis10 Tropfen) Arnica C30.

Operationsnachsorge

Geben Sie dem Tier, sobald es wieder zu Hause ist, einmalig 5 Tropfen Rescue (Bach-Blüten) sowie 1 Tablette (oder 5 bis 10 Tropfen) Arnica C30. Dann bekommt das Tier 3 Tage lang 5mal 1 Tablette Traumeel, an den folgenden 3 Tagen 3mal 1 Tablette Traumeel, dann schleichen Sie sich wieder langsam aus der Therapie aus.

Sterbehilfe

Fortgeschrittenes Alter, eine schwere Krankheit oder ein schlimmer Unfall können dem Leben eines Hundes langsam ein Ende setzen. In dieser letzten Zeit ist es besonders wichtig, daß Sie Ihrem treuen Gefährten diese Zeit so angenehm wie möglich gestalten und Geborgenheit vermitteln.

Wenn der Hund keine Chance hat, wieder gesund zu werden, so ist es falsch verstandene Tierliebe, ihn dahinsiechen zu lassen. Bitten Sie einen Tierarzt, ins Haus zu kommen, um dem Hund die <u>Euthanasie-Injektion</u> zu verabreichen (ein Tierheil-

therapeut darf nicht »einschläfern«). Auf diese Weise ersparen Sie dem tierischen Freund, zu allerletzt noch aus seiner vertrauten Umgebung herausgerissen zu werden.

Vor der tödlichen Injektion verabreichen Sie Ihrem Hund die Rescue-Tropfen. Diese Bach-Blüten wirken beruhigend auf das Tier, das ja instinktiv merkt, daß etwas »passiert«. So gewährleisten Sie ein sanftes und schnelles Einschlafen.

Bei <u>chronisch kranken</u> oder <u>alten Tieren</u> fällt es sehr schwer zu sagen, wann der richtige Zeitpunkt gekommen ist, das Tier von seinen Qualen zu erlösen. Sie sollten sich jedoch dazu entschließen, wenn das Tier selbst keinen Lebenswillen mehr hat. Das merken Sie daran, daß es zu nichts mehr motivierbar ist und nur noch apathisch vor sich hindämmert. Die Bach-Blüten gewährleisten ein sanftes Hinübergleiten – vorausgesetzt, das Tier will selbst nicht mehr leben. Um dies festzustellen, können Sie sich ebenfalls der Bach-Blüten bedienen: Verabreichen Sie dem Tier einmalig (!) eine Mischung aus Olive, Hornbeam, Walnut und Wild Rose (auf 1 Eßlöffel Wasser je 2 Tropfen). Wenn das Tier nach ungefähr 30 Minuten weiterhin apathisch auf seinem Platz liegt, können Sie davon ausgehen, daß es nicht mehr leben will, aber auch nicht die Energie hat, von selbst loszulassen. In diesem Fall geben Sie je 5 Tropfen der Bach-Blüten Walnut, Rescue und Aspen auf 10ml Wasser ohne Zusatz von Alkohol. Verabreichen Sie von dieser Mischung alle 30 Minuten 10 Tropfen. Bei manchen Tieren genügt bereits die 2- bis 3malige Gabe von 10 Tropfen und sie schlafen von selbst ein. Andere wiederum »hängen« sehr an ihrem Leben; dann sind mehrere Gaben nötig.

Oftmals ist auf diese Weise die echte Euthanasie durch den Tierarzt nicht mehr nötig.

Die Bach-Blüten können das Tier nicht töten – aber sie können helfen, daß sich der Körper leichter vom Leben löst.

Notfälle

Innere Blutungen

Innere Blutungen können aus Ohren, Nase, Maul oder Darm kommen. In diesen Fällen müssen Sie sofort zum Therapeuten gehen.

Sofortmaßnahmen

Geben Sie Ihrem Hund als Erste Hilfe je nach Größe 3, 5 oder 10 Tropfen der Rescue-Tropfen. Nasenbluten können Sie stillen, indem Sie einen mit Essig getränkten Tampon in die Nase schieben.

Äußere Blutungen

Sie können durch eine Biß-, Schnitt- oder Stichverletzung, durch Abschürfungen oder ein Ekzem entstehen.

Sofortmaßnahmen

Schneiden Sie die Haare um die verletzte Hautstelle herum vorsichtig ab. Dann reinigen Sie die Wunde mit verdünnter Calendula-Essenz und lassen diese trocknen.
Auf eine kleine Verletzung sprühen Sie Dr. Schaette Wundbalsam zur Desinfektion auf.
Auf eine größere Verletzung legen Sie eine sterile Kompresse; diese fixieren Sie mit einer Mullbinde, indem Sie die Binde »zum Herzen hin« kreuzförmig anlegen.

● **Naturheilmittel**
Verabreichen Sie bei einer Bißverletzung alle 15 Minuten 1 Tablette Traumeel.

● **Bach-Blüten**
Verabreichen Sie dem Hund je nach Größe 3, 5 oder 10 Tropfen von den Rescue-Tropfen und von Crab Apple.

Verbrennungen

Sofortmaßnahmen

Kühlen Sie sofort die betroffene Körperstelle mit kaltem Wasser oder durch Auflegen von Eis. Dazu zerstoßen Sie am besten Eiswürfel und stecken diese in einen nassen Waschlappen oder schlagen sie in ein nasses Tuch ein.

● **Naturheilmittel**
Verabreichen Sie alle 15 Minuten je nach Größe des Tieres 3, 5 oder 10 Causticum comp.-Tropfen sowie 4mal täglich 0,5 ml Echinacea comp. (insgesamt 1 Ampulle).

● **Bach-Blüten**
Geben Sie zur Unterstützung je nach Größe des Hundes 3, 5 oder 10 Tropfen Crab Apple.

Sind tiefere Hautschichten verletzt, decken Sie die Wunde mit einer sterilen Kompresse ab und bringen Sie den Hund sofort zum Therapeuten.

Hitzschlag/Sonnenstich

Typische Symptome sind plötzliches Zu-Boden-stürzen, beschleunigter Puls, Fieber oder weißlich verfärbte Schleimhäute.

Sofortmaßnahmen

Bringen Sie den Hund sofort in den Schatten oder in einen dunklen, kühlen Raum und legen Sie ihm nasse Tücher auf. Gehen Sie so schnell wie möglich zum Therapeuten.

● **Naturheilmittel**
Verabreichen Sie dem Hund sofort 1 Ampulle Aconitum-Injeel und 1 Tablette Apis C30.

● **Bach–Blüten**
Ist das Tier apathisch, geben Sie ihm eine Mischung aus Wild Rose, Hornbeam und Olive, gegen das seelische Trauma hilft Star of Bethlehem. Verabreichen Sie je nach Größe des Hundes 3, 5 oder 10 Tropfen.

Vergiftungen

Allgemeine Kennzeichen: starkes Speicheln, Schäumen aus dem Maul und Erbrechen; dem Erbrochenen wie dem Urin kann Blut beigemengt sein.

Sofortmaßnahmen

Lösen Sie Erbrechen aus, indem Sie dem Tier eine Salzwassermischung aus 1 Teelöffel Salz auf 50 ml Wasser mittels einer Spritze einflößen (→Seite 106).

● **Naturheilmittel**
Verabreichen Sie sofort einmalig Nux-vomica (nehmen Sie die Potenz, die Ihnen gerade zur Verfügung steht!). Dann geben Sie alle 5 Minuten 1 Tablette Okoubaka D4.
Hat Ihr Hund verdorbenes Fleisch gefressen, geben Sie ihm Arsenicum album-Injeel-Trinkampullen, bei Rattengift Lachesis D30-Tabletten.
Zur Dosierung →vordere Umschlagseite.

Gehen Sie auf jeden Fall zum Therapeuten! Wenn Sie wissen, woran sich Ihr Hund vergiftet hat, nehmen Sie das Gift mit.

Insektenstich

Sofortmaßnahmen

Kühlen Sie die betroffene Stelle sofort mit Eis.
Bei einem Stich in den Hals flößen Sie dem Tier Eiswasser ein und kühlen Sie den Hals zusätzlich von außen ebenfalls mit Eis.
Stellen Sie das Tier ruhig, damit sich das Insektengift im Körper nicht schnell ausbreiten kann.
Geben Sie dem Hund 1 Ampulle Frubiase-calcium.

● **Naturheilmittel**
Verabreichen Sie einmalig 5 bis 10 Tropfen oder 1 Tablette Apis C30.

● **Bach–Blüten**
Geben Sie zuerst Rescue-Tropfen und dann eine Mischung von Crab Apple, Star of Bethlehem und Wild Rose. Verabreichen Sie je nach Größe des Tieres 3, 5, oder 10 Tropfen.

Sie müssen sofort zum Therapeuten, wenn Apathie, Krämpfe oder Erbrechen dazukommen, da dann eine Allergie vorliegen kann.

Atemnot

Das Tier steht oder liegt steif da, ringt nach Luft.

Sofortmaßnahmen

Inspizieren Sie den Schlund des Hundes, ob ein Fremdkörper darin ist und entfernen Sie diesen. Wenn dies nicht der Fall ist, müssen Sie sofort zum Therapeuten gehen.

● Naturheilmittel
Geben Sie als Erste Hilfe einmalig 1 Trinkampulle Carbo-vegetabilis-Injeel.

● Bach–Blüten
Gegen die Panik, die durch die Luftnot entsteht, helfen – je nach Größe des Tieres – 3, 5 oder 10 Tropfen der Rescue-Tropfen.

Lähmungen

Ursachen für Lähmungen können ein Stoß/Schlag, ein Unfall, Infektionskrankheiten oder Toxine sein.

Sofortmaßnahmen

Es ist wichtig, daß Sie zur Ursachenklärung auf jeden Fall zum Therapeuten gehen.

● Naturheilmittel
Zur Überbrückung bis zum Besuch beim Therapeuten geben Sie Ihrem Hund 1 Trinkampulle Hypericum-Injeel und 1 Arnica C30-Tablette. Konzentrieren sich die Lähmungen auf die Vorderläufe, geben Sie Gelsemium-Hcc.-Tropfen, ist nur das Hinterteil betroffen, helfen Colocynthis-Hcc.-Tropfen – je nach Größe des Hundes 3, 5 oder 10 Tropfen.

● Bach–Blüten
Geben Sie einem apathischen Hund Olive und Wild Rose, einem, der panikt, Rock Rose. Ist er ungeduldig, bekommt er Impatiens. Dosieren Sie je nach Größe des Tieres 3, 5 oder 10 Tropfen.

Bewußtlosigkeit

Sofortmaßnahmen

Verständigen Sie sofort einen Therapeuten. Kontrollieren Sie, ob der Hund noch lebt:
● Atmung: Wenn sich die Brust nicht bewegt, muß der Hund künstlich beatmet werden. Bringen Sie ihn in Seitenlage. Halten Sie das Maul und die Lippen des Hundes zu und blasen Sie etwa 3 Sekunden lang kräftig in die Nasenlöcher. Wiederholen Sie dies solange, bis Sie sehen. daß sich die Brust bewegt und der Hund beginnt, wieder zu atmen. Kontrollieren Sie nach etwa 1 Minute, ob der Hund wieder selbständig atmet. Ist dies nicht der Fall, fahren Sie mit der künstlichen Beatmung bis zum Eintreffen des Therapeuten fort.
● Herzschlag: Legen Sie Ihre Hand auf die linke Brustseite und fühlen Sie, ob das Herz schlägt. Überprüfen Sie den Pulsschlag (→Seite 105).
Kontrollieren Sie die Atemwege und holen Sie evtl. Erbrochenes aus dem Maul. Ziehen Sie anschließend die Zunge leicht aus dem Maul.
Zur Stabilisierung des Kreislaufs träufeln Sie dem Hund sofort den Inhalt 1 Ampulle Carbo vegetabilis-Injeel zwischen die Lefzen oder geben Sie ihm – je nach Größe des Tieres – 3, 5 oder 10 Tropfen Veratrum-Hcc.
Müssen Sie einen bewußtlosen Hund transportieren, wickeln Sie ihn vorsichtig in eine Decke und benutzen Sie diese als Trage.
Wenn die Wirbelsäule verletzt ist, legen Sie den Hund zum Transport auf ein Brett.

8

Praxis für den Hundehalter

Kranksein bedeutet, daß Lebensvorgänge im Organismus oder in einzelnen Organen so gestört sind, daß sich als Folge davon körperliche oder seelische Veränderungen ergeben. Als verantwortungsbewußter Tierhalter lassen Sie Ihrem Hund die Pflege zukommen, daß es erst gar nicht so weit kommt.
Ist er trotzdem krank geworden, müssen Sie die notwendigen Maßnahmen zu seiner Gesundung ergreifen.
Auf den nächsten Seiten erfahren Sie Tips und Tricks dazu.

Praxis

Erste Maßnahmen

Veränderungen im Verhalten Ihres Hundes können oft die ersten Anzeichen sein für eine beginnende Erkrankung. Notieren Sie sich diese Veränderungen, denn diese können bei einem eventuell nötig werdenden Therapeutenbesuch wichtige Hinweise für die Ursachenergründung darstellen.

Um festzustellen, ob sich wirklich eine Krankheit anbahnt, sollten Sie als erste Maßnahmen bei Ihrem Hund Fieber messen und den Puls fühlen:

Fieber messen

Verwenden Sie zum Messen der Temperatur nur ein digitales Thermometer, das mit einem akkustischen Signal anzeigt, wann der Meßvorgang abgeschlossen ist. Bei einem herkömmlichen Thermometer besteht die Gefahr, daß es bei einer ruckartigen Bewegung des Tieres während des Meßvorganges abbricht und der Inhalt (Alkohol oder giftiges Quecksilber!) unkontrolliert herausfließt. Zudem können Sie den Hund mit den scharfen Glasbruchkanten verletzen.

Schalten Sie das Digitalthermometer ein und bestreichen Sie die Spitze des Thermometers mit etwas Vaseline. Dadurch wird es gleitfähiger und tut dem Tier nicht weh, weil es an der Afterschleimhaut nicht hängenbleiben kann. Schieben Sie das Thermometer dann etwa 2 cm tief in den After und warten Sie das akkustische Signal ab. Danach können Sie die aktuelle Temperatur ablesen.

Die Normaltemperatur eines Hundes liegt zwischen 38,6 °C und 38,8 °C. Bei manchen kleinen und exotischen Hunderassen kann die Normaltemperatur aber auch etwas niedriger sein und bei 38,2 °C bis 38,5 °C liegen.

Erhöhte Temperatur beginnt bei 39 °C, alles über 39 °C ist als Fieber zu bezeichnen und therapiebedürftig. Erhöhte Temperaturen zeigen einen Entzündungsvorgang im Organismus an.

Heben Sie zum Fiebermessen den Schwanz an und schieben Sie das Thermometer vorsichtig in den After.

Natürliche Hausapotheke

Wenn Sie sich für »Notfälle« bei Ihrem Hund absichern wollen, so sollten Sie mit folgenden Mitteln Ihre eigene Hausapotheke ergänzen:

Naturheilmittel	hilft gegen
Apis C30-Tabletten	Insektenstiche
Calendula-Tinktur äußerlich	Reinigung und Wundreinigung
Carbo-vegetabilis-Injeel	Kreislaufprobleme
Dysenteral-Tropfen	Durchfall
Euphrasia-Augentropfen	Augenentzündungen
Febrisal-Tropfen	Fieber ab 39°
Keratisal-Tropfen	Augenentzündungen
Okoubaka D4-Tabletten	Vergiftungen
Rescue-Tropfen	Notfalltropfen bei Schock
Spascupreel-Tabletten	Krämpfe, Koliken
Traumeel-Tabletten	Schmerzzustände aller Art
Vomisal-Tropfen	Erbrechen
Wundbalsamspray Dr. Schaette	Wunddesinfektion

Puls messen

Pulsveränderungen zeigen vorwiegend Krankheiten im Herz-Kreislaufsystem an.

Den Puls können Sie an der Innenseite der Oberschenkel-Mitte spüren. Legen Sie Ihre Fingerspitzen auf diese Stelle, dann erkennen Sie das Pulsieren in der Oberschenkelarterie.

Zählen Sie die Pulsschläge pro Minute. Der Normalpuls schwankt zwischen 70 und 100 Schlägen/Minute je nach Größe des Tieres. Das bedeutet, daß bei großen Hunden die Schlagfrequenz niedriger ist als bei kleinen Hunden.

Ein beschleunigter Puls beginnt bei über 120 Schlägen/Minute, ein verlangsamter Puls bei 60 Schlägen/Minute und tiefer. Messen Sie den Puls Ihres Hundes in gesundem Zustand öfter, damit Sie auf seinen Normalpuls kommen.

Untertemperatur beginnt bei Temperaturen von weniger als 38 °C, sie kann auf das Vorliegen eines Eiterherdes im Körper hinweisen.

Den Puls fühlen Sie am besten an der Innenseite der Oberschenkel-Mitte.

Praxis

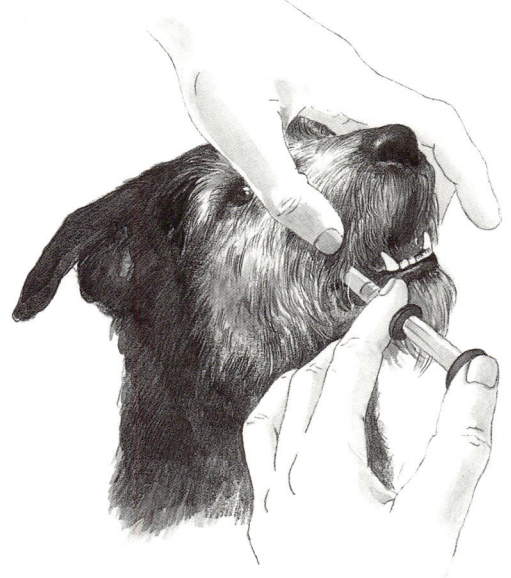

Verabreichen von Naturheilmitteln

Selbst bei der besten Pflege kann der Hund krank werden und zur Gesundung auf Heilmittel angewiesen sein. Da diese Substanzen oftmals ungewohnt sind und schlecht schmecken oder riechen, muß mancher Hund regelrecht überlistet werden, daß er die bittere Medizin auch schluckt. Die folgenden Tips sollen Ihnen die Eingabe der Heilmittel erleichtern.

Die Lösung aus einer Ampulle verabreichen Sie am einfachsten mit einer Einmalspritze ohne Kanüle.

Tabletten und Globuli

Weigert sich Ihr Hund, Tabletten oder Globuli zu schlucken, so zerpulvern Sie diese mit einem Löffelrücken, tauchen einen leicht befeuchteten Finger in das Pulver und streichen dies dem Tier dann auf die Zunge. Das Pulver schmilzt sehr schnell und kann nicht wieder ausgespuckt werden.

Sie können auch das Pulver mit ein paar Tropfen Wasser vermischen, diese Lösung in eine 2 ml-Spritze aufziehen und dem Hund dann direkt zwischen die Lefzen geben.

Tropfen

Verabreichen Sie die Tropfen mit einem Plastiklöffel direkt in das Maul. Ist das nicht möglich, ziehen Sie die Tropfen mit einer 2 ml-Spritze auf und geben die Flüssigkeit direkt zwischen die Lefzen.

Sind die Tropfenlösungen stark mit Alkohol versetzt, verdünnen Sie diese durch ein paar Tropfen Wasser, dann schmecken sie nicht so scharf.

Trinkampullen

Besorgen Sie sich in der Apotheke pro Ampullenpräparat je eine 2 ml-Einmalspritze und eine Kanüle Nr. 2.

Die Ampullen sind vom Hersteller mit einem Punkt markiert. An dieser Stelle ist der Hals der Ampulle bereits eingeritzt, so daß Sie den Kopf abbrechen können ohne Zuhilfenahme einer Säge oder eines Messers. Drehen Sie die Ampulle mit dem Punkt sichtbar zu sich und brechen Sie den Kopf ab.

Stecken Sie die Kanüle auf den Spritzenhals und tauchen Sie dann mit der Kanüle bis auf den Boden der geöffneten Ampulle. Ziehen Sie die notwendige Menge aus der Ampulle auf und geben Sie dem Hund die Lösung ins Maul – dann aber ohne Kanüle!

Einen eventuell in der Ampulle verbleibenden Rest können Sie gegen Auslaufen schützen, indem Sie die Öffnung der Ampulle verkleben und die Ampulle in ein Schnapsgläschen stellen. Den Rest be-

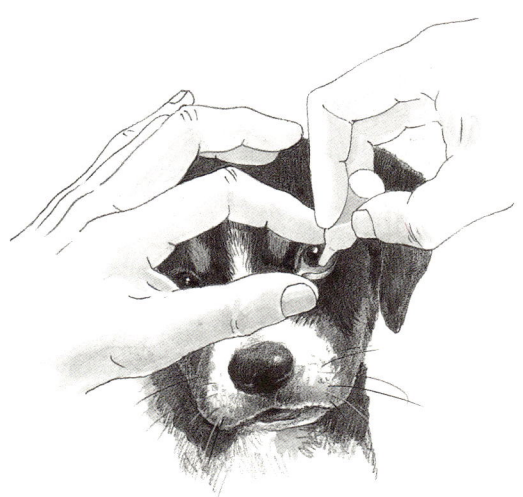

Zur Eingabe von Augentropfen öffnen Sie das Auge mit zwei Fingern.

Halten Sie das betroffene Ohr fest, bevor Sie die Ohrentropfen verabreichen.

kommt das Tier dann meist am nächsten oder übernächsten Tag verabreicht. Die Trinkampullen müssen nicht im Kühlschrank aufbewahrt werden.

Augen- und Ohrentropfen

Mittlerweile sind die meisten Augentropfen als praktische Plastik-Phiolen mit etwa 1 ml Inhalt im Handel. Früher mußte man geöffnete Tropfenfläschchen, meist mit einem Inhalt von 10 ml, bereits nach 4 bis 6 Wochen entsorgen, da die Lösungen nicht lange haltbar waren.

Halten Sie den Kopf des Hundes nach oben, öffnen Sie mit Zeigefinger und Daumen ein Auge und tropfen Sie einen Tropfen aus der Phiole auf jedes Auge – auch wenn nur ein Auge betroffen ist; Entzündungserscheinungen greifen meist von einem Auge auf das andere über! Durch den automatisch erfolgenden Lidschlag verteilt sich die Flüssigkeit. Bei der Eingabe von Ohrentropfen halten Sie das

Ohr mit der einen Hand fest und tropfen die Lösung aus der Phiole direkt in den Gehörgang. Ist der Inhalt der geöffneten Phiole nach 2 bis 3 Tagen nicht aufgebraucht, entsorgen Sie diese.

Salben, Tinkturen und Sprays

Verdünnen Sie die Tinkturen wie auf den Beschreibungen angegeben und reinigen, betupfen oder spülen Sie damit die zu behandelnde Hautstelle. Tragen Sie Salben nur dünn auf die affektierte Stelle auf. Machen Sie keine Salbenverbände, weil dadurch die Hautporen an dieser Stelle verstopfen und zu wenig Luft an die Haut gelangt. Möglicherweise tritt die dort unterdrückte Hautausscheidung dann an einer anderen Stelle erneut auf. Besprühen Sie die zu behandelnden Stellen ganz kurz mit dem entsprechenden Spray.

Praxis

Vorbeugende Pflege-maßnahmen

Zur Erhaltung der Gesundheit des Hundes ist neben der richtigen Haltung (→Seite 12) auch die Körperpflege wichtig. Das bedeutet, daß Sie regelmäßig Gebiß, Augen, Ohren, Pfoten, Fell und After kontrollieren und pflegen sollten.

Fellpflege

Bürsten: Die tägliche Zuwendung können Sie mit dem Bürsten verbinden, wenn Sie keine kratzende Bürste nehmen und beim Bürsten gefühlvoll mit Ihrem Hund umgehen. Durch das Bürsten werden nicht nur das Fell gereinigt und tote Haare entfernt, sondern es wird auch die Hautdurchblutung gefördert.
Langhaarige Hunde werden zuerst gekämmt und dann gebürstet, bei kurzhaarigen Hunderassen entfällt das Kämmen. Verfilzte Stellen im Fell schneiden Sie am besten weg.
Baden: In der Regel benötigt der Hund kein Bad, außer er ist stark verschmutzt. Durch zu häufiges Baden schädigen Sie den Säureschutzmantel der Haut! Wenn Sie den Hund baden, dann benutzen Sie nur ein pH-neutrales Shampoo, das Sie nach dem Einseifen wieder gut aus dem Fell ausspülen sollten. Trocknen Sie anschließend den Hund ausreichend mit einem Handtuch ab oder – wenn er es sich gefallen läßt – fönen Sie ihn trocken.
Nach dem Baden sollten Sie den Hund für mindestens 2 bis 3 Stunden nicht an die frische Luft lassen, damit er sich nicht erkältet.

Augenpflege

Entfernen Sie jeden Morgen mit einem Papiertaschentuch das nächtlich angesammelte Sekret aus den Augenwinkeln. Watte ist dafür ungeeignet, da sie fusselt und die feinen Härchen das Auge reizen könnten. Ist das Sekret verhärtet, weichen Sie es mit warmer, verdünnter Calendula-Essenz auf.
Verwenden Sie weder Kamille noch Borwasser, da dadurch das Auge gereizt werden könnte.

Nasenpflege

Wenn das Tier vom Schnüffeln oder Buddeln eine schmutzige Nase hat, reinigen Sie diese mit einem in lauwarmes Wasser getauchten Waschlappen.

Pfotenpflege

Nach jedem Spaziergang sollten Sie die Pfoten mit lauwarmem Wasser reinigen und abtrocknen; dabei können Sie sie auf verfilzte Haarballen, Kaugummi oder zwischen den Zehen haftende Kletten, Steinchen oder ähnliches inspizieren.
Rissige Ballen reiben Sie dünn mit Dr. Schaette Wundsalbe oder Vaseline ein.
Kontrollieren Sie ab und zu die Haare zwischen den Ballen. Werden diese zu lang, so kürzen Sie sie auf die Länge der Ballen.
Liegeschwielen, die bevorzugt bei großen, schweren Hunden auftreten, behandeln Sie mit Dr. Schaette Wundsalbe oder Vaseline.

Krallenpflege

In der Regel laufen sich die Hunde beim täglichen Spaziergang die Krallen selbst ab. Bei kleinen Hunderassen, die viel getragen werden, oder bei älteren Hunden, die nicht mehr so viel laufen, ist ab und zu eine Pediküre nötig. Bei richtiger Krallenlänge ragt die Krallenspitze nicht über die Ballenebene hinaus.

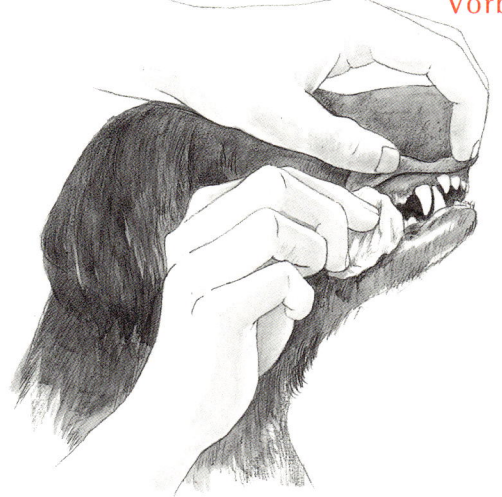

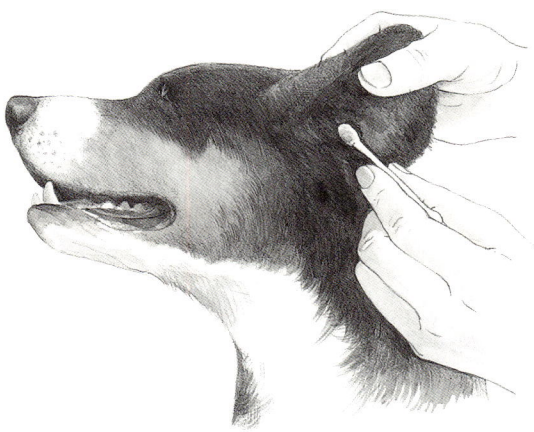

Zur Zahnreinigung eignet sich ein feuchter Lappen mit Schlämmkreide oder Heilerde.

Benützen Sie zur Ohrenreinigung Stäbchen mit dicken Watteköpfchen zum Schutz des Trommelfells.

Wenn Sie die Krallen von vornherein nicht zu lang werden lassen, genügt es, wenn Sie sie mit einer Nagelfeile abfeilen. Andernfalls sollten Sie einen Therapeuten aufsuchen, der sie mit einer Krallenzange kürzt. Dieser Vorgang bedarf großer Sorgfalt, da sich im oberen Teil des Nagels Blutgefäße und Nerven befinden; schneiden Sie die Kralle zu weit ab, bereiten Sie dem Hund Schmerzen und es kommt zu Blutungen.

Zahnpflege

Inspizieren Sie regelmäßig das Gebiß Ihres Hundes auf Zahnstein und lassen Sie diesen, wenn er zu stark ausgeprägt ist, vom Therapeuten entfernen. Zur Vorbeugung sollten Sie die Zähne mit einem feuchten Lappen und Schlemmkreide, Luvos Heilerde oder einer Hundezahncreme reinigen.

Am einfachsten ist es, wenn Sie dem Hund all-abendlich zum »Zähneputzen« einen harten Hundekuchen geben; durch das Kauen wird die beginnende Zahnsteinablagerung beseitigt.

Ohrpflege

Normalerweise sollten Sie einmal wöchentlich die Ohren mit einem Baby-Ohrenstäbchen reinigen, das Sie in verdünnte Calendula-Essenz getaucht haben. Sie können auch ein normales Ohrenstäbchen nehmen, das Sie zum Schutz des Trommelfells mit Watte umwickeln.

Haarbüschel im Ohr müssen Sie abschneiden. Ist Ihr Hund nicht sehr empfindlich, können Sie die Haare vorsichtig mit den Fingern herauszupfen.

After– und Penispflege

Nach jedem Spaziergang sollten Sie den After und Penis mit warmem Wasser reinigen und nachtrocknen.

Halten Sie die Haare am After kurz, damit sie beim Kotabsatz, durch Kotreste und durch das Sekret der Analdrüsen nicht verkleben.

Kürzen Sie zu lange Haare an der Penisspitze, da sie sich sonst einziehen und Infektionen verursachen (→Seite 62).

Praxis

Diäten

Bei bestimmten Stoffwechselerkrankungen können Sie den Heilungsprozeß unterstützen, indem Sie die bereits gestörten Stoffwechselorgane durch eine spezielle, von Ihnen zubereitete Diät entlasten.

Auch im Handel werden verschiedene Dosen-Diäten angeboten. Manche werden allerdings von den Hunden selbst abgelehnt. Wenn Sie – aus welchen Gründen auch immer – die Diät nicht selbst zubereiten können, suchen Sie solche Dosen-Diäten aus, die keine oder so wenig chemische Substanzen wie möglich enthalten, da diese den Stoffwechsel ebenfalls belasten können.

Diät bei Allergien

Geben Sie am besten die ersten Tage kein Fleisch. Füttern Sie gekochten Naturreis, Hüttenkäse oder Magerquark und Gemüse. Voraussetzung ist natürlich, daß der Körper nicht gerade auf eines dieser Nahrungsmittel allergisch ist!

Wenn die Symptome abgeklungen sind, können Sie Lammfleisch reichen, weil es am wenigsten tierisches Eiweiß enthält.

Diäten wirken sich im allgemeinen günstiger auf den Stoffwechsel aus, wenn sie in kleinen Portionen mehrmals am Tag gegeben werden. Verteilen Sie die Gesamttagesmenge (→Seite 16) auf 4 bis 5 Portionen.

Sollte Ihr Hund auf die Gabe von Kalb- oder Geflügelfleisch mit vermehrtem Kratzen reagieren, so vermeiden Sie diese Fleischsorten.

Neigt Ihr Hund zu Allergien, sollten Sie auch auf Trockenfutter verzichten, da die manchmal darin enthaltenen Antikeimmittel zusätzlich den Organismus reizen. Das gilt auch für manche der in Dosenfuttern enthaltenen Konservierungs-, Lock-, Duft- und Farbstoffe.

Diät bei Magen–Darmerkrankungen

Lassen Sie das Tier einen Tag fasten und sorgen Sie nur dafür, daß es genügend zu trinken bekommt.

Dann geben Sie die nächsten 2 bis 3 Tage eine fleischlose Kost, bestehend aus gekochtem Naturreis, Gemüse und Hüttenkäse. Den Naturreis können Sie in einer leichten Brühe kochen, dann ist er nicht so geschmacklos für das Tier.

Kleine Anteile gekochten Frischfleisches (Lammfleisch, Geflügel oder Kalbfleisch) können Sie dann wieder auf den Speiseplan setzen, wenn sich die Magen-Darmsymptomatik normalisiert hat. Erst dann gehen Sie langsam Tag für Tag wieder zum gewohnten Futter über.

Diät bei Gastritis

Geben Sie an den ersten beiden Tagen nur Schleimsuppen aus in Wasser gekochtem Hafer, Leinsamen, Reis oder Sago, auf keinen Fall Fleisch! Am 3. Tag gehen Sie zu einer leichten Fleischbrühe oder Schleimsuppe aus Fleischbrühe über.

Wenn sich die Symptomatik wieder gebessert hat, geben Sie Fenchel, Kartoffeln, Nudeln oder Reis mit einem geringen Anteil Fleisch, behalten Sie aber die mehrmalige Fütterung pro Tag noch einige Zeit bei.

Diät bei Lebererkrankungen

Das Futter sollte nur wenig mageres Fleisch enthalten wie Rinderherz, Kalbfleisch, Geflügel oder Lammfleisch. Zusätzlich können Sie gekochten Naturreis und Hüttenkäse sowie Gemüse füttern. Auch Schleimsuppen mit etwas Traubenzucker können Sie geben.

Diät bei Bauchspeicheldrüsenerkrankungen

Füttern Sie überwiegend Pansen oder Blättermagen, da die darin enthaltenen Nährstoffe bereits vorverdaut sind und deshalb für den Verdauungsapparat Ihres Hundes leichter aufzuschließen sind. Zusätzlich geben Sie Kartoffeln, Reis, Nudeln, Magerquark oder Hüttenkäse.

Diät bei Nierenerkrankungen

Füttern Sie gekochten Naturreis und Gemüse und eine kleine Prise Salz. Zusätzlich können Sie Nudeln, Kartoffeln, wenig mit Wasser verdünnte Milch, Distelöl, ein rohes Eigelb und Quark geben. Auch gedünstetes Fischfilet können Sie füttern.

An Fleischsorten empfiehlt sich vor allem Lammfleisch, da es am wenigsten tierisches Eiweiß enthält. Lassen Sie sich aber nicht als Alternative Hammelfleisch geben, da dieses einen wesentlich höheren Eiweißanteil hat. Auch Kalbfleisch können Sie verabreichen.

Diät bei Steinleiden

Bei Steinleiden ist es wichtig zu wissen, welche Mineralbeschaffenheit die Steine haben, da die Diät darauf abgestimmt werden muß. Aus diesem Grund sollten Sie Ihren Hund einem Therapeuten vorführen. Er wird Ihnen für Ihr Tier die richtige Empfehlung geben.

Die folgende Tabelle kann Ihnen bei der Futterzusammenstellung als kleiner Anhaltspunkt dienen:

Steinart	dann meiden	dann reichen
Calcium	Milch, Knochen	Getreide, Muskelfleisch
Oxalat	Gemüse, Kartoffeln	Flocken, Getreide, Fisch und Fleisch gekocht
Magnesium	rohes Muskelfleisch	Fisch und Fleisch gekocht, Reis, Milch, Quark

Diät bei Zuckerkrankheit

Füttern Sie vermehrt Frischfleisch, vor allem Pansen oder Blättermagen (→Diät bei Bauchspeicheldrüsenerkrankungen). Reduzieren Sie den Anteil an Flocken oder Reis.

Diät für übergewichtige Hunde

Übergewicht gefährdet die Gesundheit Ihres Hundes und belastet speziell im Alter den Gelenkapparat sowie Herz und Kreislauf.

Am effektivsten ist die Reduktion der Futtermenge auf die Hälfte. Vermeiden Sie Trockenfutter oder große Mengen Flocken und geben Sie mehr Reis und Gemüse. Füttern Sie nur etwa 60 % der sonst gegebenen Futtermenge und verteilen Sie diese auf 3 bis 4 Miniportionen über den Tag.

Zusätzlich sollten Sie Ihrem Hund viel Bewegung gönnen, daß der Stoffwechsel angeregt wird.

Praxis

Verletzungen

Welches Hundeleben geht schon ohne eine Verletzung einher! Bei kleineren Verletzungen können Sie sich mit den unten aufgeführten Maßnahmen selbst behelfen. War Ihr Hund in einen Unfall verwickelt, sollten Sie auf jeden Fall zum Therapeuten gehen, um sicherzugehen, daß der Hund keine inneren Verletzungen davongetragen hat.

Wundversorgung

Untersuchen Sie Ihren Hund auf eventuell vorliegende Schädigungen der Haut.
Schneiden Sie die Haare um die verletzte Stelle herum vorsichtig ab. Eine kleine Wunde reinigen Sie mit verdünnter Calendula-Essenz. Lassen Sie die Tinktur eintrocknen und sprühen Sie dann Dr. Schaette Wundbalsam zur Desinfektion auf.

Als Erste-Hilfe-Maßnahme bei allen Arten von Verletzungen oder Unfällen verabreichen Sie zunächst von den Bach-Blüten die Rescue-Tropfen (je nach Größe des Tieres 3, 5 oder 10 Tropfen) und als homöopathisches Mittel 1 Tablette Arnica C30. Damit können Sie verhindern, daß Ihr Tier in eine massive Schocksituation gerät.
Bei allen Arten von Schmerzen geben Sie dem Tier alle 15 Minuten 1 Traumeel-Tablette.
Mit Lymphomyosot-Tropfen (je nach Größe des Tieres 3, 5 oder 10 Tropfen) stärken Sie die körpereigene Abwehr. Sie muß sich im Falle einer Verletzung gegen eindringende Bakterien wehren, damit es zu keiner Infektion kommt.

Alle blutenden Wunden müssen nach der Reinigung verbunden werden. Legen Sie einen Mullappen auf die Wunde und fixieren Sie diesen mit einer Mullbinde, indem Sie die Binde »zum Herzen hin« kreuzförmig anlegen. Achten Sie darauf, daß der Verband nicht zu fest wird.
Eine klaffende Wunde muß vom Tierarzt genäht werden.

Binden Sie die Pfote 3–5 cm herzwärts der Wunde mit einer Mullbinde oder etwas Ähnlichem ab.

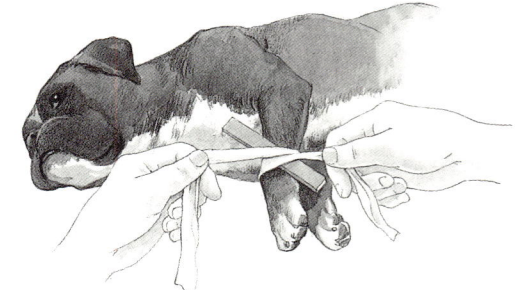

Knoten Sie an diesem Stauverband ein Holzstäbchen oder ähnliches fest.

Bißverletzungen

Wurde Ihr Hund von einem anderen Hund gebissen, sollten Sie ihn sofort auf Verletzungen untersuchen. Durch die Bißstelle können Bakterien von den Zähnen des anderen Hundes in den Körper eindringen und Infektionen auslösen oder zu einem Abszeß führen (→Seite 79).

Sie sollten nach einer Beißerei mit Ihrem Hund immer zu einem Therapeuten gehen, da die entstandenen Verletzungen so klein sein können, daß Sie diese nicht entdecken.

Verabreichen Sie Ihrem Hund sofort Rescue-Tropfen und alle 15 Minuten 1 Traumeel-Tablette.

Starke Blutungen stillen

Wenn das Blut aus einer Wunde »spritzt«, ist das ein Zeichen einer Arterienverletzung.

Um die Gefahr des Verblutens zu stoppen, müssen Sie einen Druckverband anlegen: Pressen Sie dazu ein sauberes, mehrfach gefaltetes Tuch auf die Wunde und fixieren Sie dies mit Stoffstreifen oder einer festen Binde. Der Druck auf das verletzte Gefäß muß stark genug sein, daß das Blut nicht weitersickert.

Suchen Sie mit dem Hund sofort einen Tierarzt auf!

Bei Blutungen aus einer Wunde an der Pfote oder am Schwanz binden Sie das verletzte Gefäß oberhalb der Blutung mit einer Binde ab, ohne auf die offene Stelle selbst Druck auszuüben.

Wenn der Weg zum Tierarzt weiter ist, lockern Sie zwischendurch diesen Stauverband und fixieren ihn gleich wieder.

Auf eine Wunde am Bauch drücken Sie solange eine sterile Kompresse, bis die Blutung aufhört. Wenn das Blut durchsickert, legen Sie eine neue Kompresse auf die alte und drücken Sie weiter. Wenn die Blutung aufgehört hat, wickeln Sie eine Mullbinde so um den Körper, daß die Kompresse nicht verrutschen kann.

Verbrennungen

Kühlen Sie als erstes die betroffene Körperstelle mit kaltem Wasser oder durch Auflegen von Eis; dazu zerstoßen Sie am besten Eiswürfel und stecken diese in einen nassen Waschlappen oder schlagen sie in ein nasses Tuch ein.

Zur medikamentösen Behandlung →Seite 99.

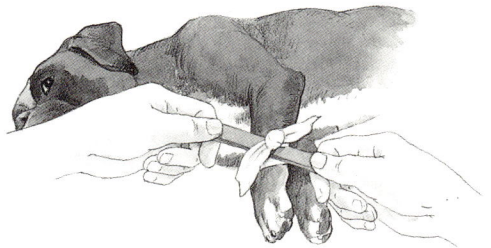

Ziehen Sie den Verband durch Drehen des Stäbchens so fest, daß die Blutung gerade aufhört.

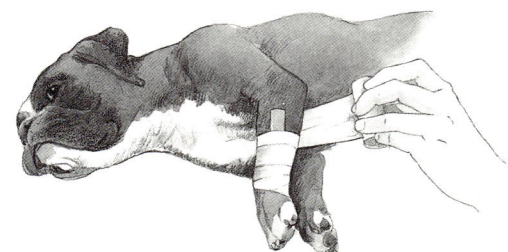

Wickeln Sie eine Mullbinde um diesen Stauverband und fixieren Sie ihn dadurch.

Praxis

Krankheiten erkennen

Bei manchen Erkrankungen machen die Hunde den Tierhalter ziemlich eindeutig darauf aufmerksam, daß und wo sie Probleme haben. Diese auffälligen Verhaltensweisen dürfen Sie auf keinen Fall ignorieren, denn dadurch können Sie oft eine Krankheit selbst einordnen und bei richtiger und schneller Behandlung schlimmere Folgeschäden vermeiden helfen.

Gebetsstellung

Der Hund scheint sich zu strecken. Dann bleibt er aber mit den Vorderläufen bis zum Ellbogen auf dem Boden liegen und streckt sein Hinterteil in die Höhe, wobei seine Hinterläufe aufrecht am Boden stehen. Dieses Verhalten weist auf eine Erkrankung der Bauchspeicheldrüse hin, sofern es nicht gezielt während des Spiels zum Animieren auftritt.

Schlittenfahren

Das Tier sitzt mit seinem Hinterteil auf dem Boden. Mit den Vorderläufen zieht es sich nach vorn, während es mit der Aftergegend über den Boden rutscht.

Parallel dazu versuchen manche Hunde auch, ihren Schwanz zu fangen. Sie belecken verstärkt die Aftergegend und zeigen manchmal auch Beschwerden beim Kotabsatz; der Kot kann unangenehm riechen.

Meist ist dieses Verhalten ein Hinweis auf eine verstopfte Analdrüse (→Seite 84) oder eine Entzündung der Zirkum-Analdrüsen. Auch weiche Kotreste, die nicht entfernt wurden, oder lange Haare am After verkleben diesen und können dadurch dieses Symptom auslösen (→Afterpflege, Seite 109).

In dieser Stellung entlastet der Hund seine Bauch-speicheldrüse und weist auf deren Erkrankung hin.

Das Verhalten »Schlittenfahren« weist meist auf eine verstopfte Analdrüse hin.

Abstehender Schwanz

Normalerweise läßt der Hund seinen Schwanz vom Ansatz am Ende der Wirbelsäule herabhängen (bei manchen Rassen steht er auch). Sie sollten aufmerksam werden, wenn der Hund ihn am Ansatz waagerecht vom After weghält. Oft können Sie parallel dazu feststellen, daß Ihr Hund sich manchmal im Kreis dreht, um seinen eigenen Schwanz zu fangen beziehungsweise sich in seinen eigenen Schwanz zu beißen.

Der auffällig abstehend gehaltene Schwanz deutet auf eine Erkrankung der Prostata, etwa eine Entzündung, hin (→Seite 70).

Der auffällig abstehend gehaltene Schwanz deutet auf eine Erkrankung der Prostata hin.

Schiefhalten des Kopfes

Das Tier hält den Kopf meist permanent auf eine bestimmte Seite hin schräg.

Meist deutet dies auf einen Fremdkörper im Ohr hin oder auf eine einseitige Ohrentzündung (→Seite 36).

Bleistiftstuhl

Das Tier setzt Kot ab, der zwar in seiner Konsistenz kompakt und »normal« erscheint, dessen Form der »Kotwurst« aber einen für das Tier atypisch schlanken Durchmesser hat – so dünn wie ein Bleistift.

Verursacher dieses auffälligen Symptoms kann eine Prostatavergrößerung (→Seite 71) sein, eine Einengung von Darmabschnitten durch einen Tumor oder eine veränderte Schleimhautsituation im Darm.

Gehen Sie auf jeden Fall zum Therapeuten.

Ein von der Prostata ausgehender urplötzlicher Schmerz veranlaßt den Hund, sich reflexartig in den Schwanz zu beißen.

Verzeichnis der Naturheilmittel

In diesem Verzeichnis sind alle Naturheilmittel aufgelistet, die im Buch bei den Krankheitsbildern als Selbstmaßnahme oder Vor- und Nachsorge erwähnt sind.

Die im Verzeichnis aufgeführten Anwendungen beziehen sich nur auf die im Buch vorgeschlagenen Anwendungen, jedes Mittel wirkt darüber hinaus noch gegen weitere Symptome.

Der bei manchen Inhaltsstoffen angegebene Begriff »Potenzakkord« bedeutet, daß dieses Mittel ein homöopathisches Einzelmittel in den Potenzen D6, D12, D30, D200 ist.

Abrotanum-Injeel (Heel)
Inhaltsstoffe: Homöopathisches Einzelmittel im Potenzakkord
Anwendung: Rekonvaleszenzmittel, Appetitmangel
erhältlich als: Ampullen, 5 Stück

Aconitum-Injeel (Heel)
Inhaltsstoffe: Homöopathisches Einzelmittel im Potenzakkord
Anwendung: Anregung der körpereigenen Abwehr, Fieber, Infektionskrankheiten
erhältlich als: Ampullen, 5 Stück

Alkala (Sanum)
Inhaltsstoffe: Natriumsulfat, -citrat, -hydrogencarb., Kieselerde u.a.
Anwendung: Zur Regulierung des Säure-Basenhaushaltes bei Magen-Darmproblemen
erhältlich als: Pulver, 150 g

Apis-Injeel (Heel)
Inhaltsstoffe: Homöopathisches Einzelmittel im Potenzakkord
Anwendung: Insektenstiche, Ödeme
erhältlich als: Ampullen, 5 Stück

Apis C30 (DHU)
Inhaltsstoffe: Homöopathisches Einzelmittel in C30
Anwendung: Insektenstiche, Schwellungen, Allergien
erhältlich als: Tabletten und Dilution, 20 g

Arnica C30 (DHU)
Inhaltsstoffe: Homöopathisches Einzelmittel in C30
Anwendung: Muskelkater, Verletzungen, Operationen
erhältlich als: Tabletten und Dilution, 20 g

Arsenicum album-Injeel (Heel)
Inhaltsstoffe: Homöopathisches Einzelmittel im Potenzakkord
Anwendung: Rekonvaleszenzmittel, Vergiftungen, Hauterkrankungen, Durchfall, Abmagerung
erhältlich als: Ampullen, 5 Stück

ATR 9, ATR 20 (SUN)
Inhaltsstoffe: Spurenelemente, Vitamine, Elektrolyte, Mineralien, Extrakt von neuseel. Schalentieren u.a.
Anwendung: zur Stabilisierung des Bindegewebes, ATR 9 für kleine – ATR 20 für große Hunde
erhältlich als Nahrungsmittelzusatz: Dose mit 1000 g (über Tierheiltherapeuten)

Basica (Protina)
Inhaltsstoffe: Calcium-, Kalium-, Magnesium-, Kupfercitrat, Eisen-, Magnesiumlaktat u.a.
Anwendung: bei Mineralstoff- und Spurenelementdefiziten
erhältlich als: Pulver, 200 g

Belladonna-Injeel (Heel)
Inhaltsstoffe: Homöopathisches Einzelmittel im Potenzakkord
Anwendung: lokalisierte Entzündungen, Neuralgien, Epilepsie
erhältlich als: Ampullen, 5 Stück

Belladonna D12 (DHU)
Inhaltsstoffe: Homöopathisches Einzelmittel in D12
Anwendung: lokale Entzündungen
erhältlich als: Tabletten und Dilution, 10 g

Berberis D12 (DHU)
Inhaltsstoffe: Homöopathisches Einzelmittel in D12
Anwendung: Erkrankungen im Blasen-Nierenbereich
erhältlich als: Tabletten und Dilution, 10 g

Biotin (Canina)
Inhaltsstoffe: Vitamin H, B1, B2, B6, B12
Anwendung: Hauterkrankungen, Juckreiz, Haarausfall
erhältlich als: Pulver, 200 g (über Tierheiltherapeuten)

Bryaconeel (Heel)
Inhaltsstoffe: Bryonia D4, Aconitum D4, Phosphorus D5
Anwendung: Neuralgien, Bronchitis, Husten
erhältlich als: Tabletten, 50 Stück

Bryonia-Injeel (Heel)
Inhaltsstoffe: Homöopathisches Einzelmittel im Potenzakkord
Anwendung: Lungenerkrankungen, Entzündungen, Bronchitis
erhältlich als: Ampullen, 5 Stück

Cactus comp. (Heel)
Inhaltsstoffe: Cactus D1, Spigelia D3, Kalium carb. D3, Glonoinum D3, Crataegus
Anwendung: Altersherz, Durchblutungsstörungen der Herzkranzgefäße
erhältlich als: Dilution, 30 ml

Calcium carbonicum C30 (DHU)
Inhaltsstoffe: Homöopathisches Einzelmittel in C30
Anwendung: Konstitutionsmittel für kräftig gebaute Tiere, Verbesserung der Gesamtverfassung und des Knochenbaues
erhältlich als: Tabletten und Dilution, 20 g

Calcium fluoratum C30 (DHU)
Inhaltsstoffe: Homöopathisches Einzelmittel in C30
Anwendung: Verbesserung von Knochen, Bändern, Zähnen
erhältlich als: Tabletten und Dilution, 20 g

Calcium jodatum-Injeel (Heel)
Inhaltsstoffe: Homöopathisches Einzelmittel im Potenzakkord
Anwendung: Drüsenerkrankungen
erhältlich als: Ampullen, 5 Stück

Calendula-Essenz (Weleda)
Inhaltsstoffe: Ringelblumen-Tinktur
Anwendung: zur Wundreinigung oder
Säuberung
erhältlich als: Lösung, 100 ml

Cantharis D12 (DHU)
Inhaltsstoffe: Homöopathisches Einzelmittel in D12
Anwendung: Erkrankungen von Blase
und Niere, Harnträufeln
erhältlich als: Tabletten und Dilution,
10 g

Carbo vegetabilis-Injeel (Heel)
Inhaltsstoffe: Homöopathisches Einzelmittel im Potenzakkord
Anwendung: Kreislaufversagen, Luftnot
erhältlich als: Ampullen, 5 Stück

Carminativum (Hetterich)
Inhaltsstoffe: Pflanzenauszüge von Kamille, Melisse, Kümmel, Fenchel u.a.
Anwendung: Blähungen
erhältlich als: Dilution, 30 ml und
100 ml

Caulophyllum C30 (DHU)
Inhaltsstoffe: Homöopathisches Einzelmittel in C30
Anwendung: Wehenschwäche
erhältlich als: Tabletten und Dilution,
20 g

Causticum-Injeel (Heel)
Inhaltsstoffe: Homöopathisches Einzelmittel im Potenzakkord
Anwendung: Verbrennungen, Blasen-
schwäche, harte Warzen
erhältlich als: Ampullen, 5 Stück

Causticum comp. (Heel)
Inhaltsstoffe: Caust., Sulfur, Arnica,
Puls., Histamin u.a.
Anwendung: Verbrennungen
erhältlich als: Dilution, 30 ml

Cerebrum comp. (Heel)
Inhaltsstoffe: Cerebrum suis, Hyoscyam.,
Gelsem., Aescul. u.a.
Anwendung: Encephalitis, Gehirner-
schütterung, Epilepsie
erhältlich als: Ampullen, 5 Stück

Chelidonium-Injeel (Heel)
Inhaltsstoffe: Homöopathisches Einzelmittel im Potenzakkord
Anwendung: Leber-Galleerkrankungen
erhältlich als: Ampullen, 5 Stück

China-Injeel (Heel)
Inhaltsstoffe: Homöopathisches Einzel-
mittel im Potenzakkord
Anwendung: Rekonvaleszenzmittel,
Schwächemittel
erhältlich als: Ampullen, 5 Stück

Cocculus Hcc. (Heel)
Inhaltsstoffe: Cocculus, Petroleum
Anwendung: Fahrkrankheit
erhältlich als: Dilution, 30 ml

Colocynthis-Hcc. (Heel)
Inhaltsstoffe: Colocynthis, Gnaphalium
polyceph.
Anwendung: Lendenwirbelsäulen-Be-
schwerden, Neuralgien
erhältlich als: Dilution, 30 ml

Conium-Injeel (Heel)
Inhaltsstoffe: Homöopathisches Einzel-
mittel im Potenzakkord
Anwendung: Verhärtungen am Hoden,
Altersmittel
erhältlich als: Ampullen, 5 Stück

Conjunctisan A (VitOrgan)
Inhaltsstoffe: makromolekulare Or-
ganursubstanzen (zytoplasmatische
Therapie)
Anwendung: degenerative Augenleiden
erhältlich als: Phiolen, 20 Stück

Cor comp. (Heel)
Inhaltsstoffe: Crataegus, Arnica, Cactus,
Glonoinum, u.a.
Anwendung: Herzerkrankungen
erhältlich als: Ampullen, 5 Stück

Cosmochema Hautfunktionstropfen (Cosmochema)
Inhaltsstoffe: Graphites, Sulfur, Hista-
min, Thuja, Thallium u.a.
Anwendung: Hautfunktionsstörungen,
Ekzeme, Haarausfall
erhältlich als: Dilution, 30 ml und 100 ml

Cosmochema Hustentropfen (Cosmochema)
Inhaltsstoffe: Ipecacuanha, Tartarus
stib., Spongia, Phosphorus u.a.

Anwendung: Erkältungserkrankungen
mit Husten, Bronchitis
erhältlich als: Dilution, 30 ml und
100 ml

Cosmochema Leber-Galle-Tropfen (Cosmochema)
Inhaltsstoffe: Chelidon., Lycopod., Carduus mar., Nux vom., Mandragora, Mo-
mordica, Veratrum u.a.
Anwendung: Zur Anregung der Leber-
Gallefunktion
erhältlich als: Dilution, 30 ml und 100 ml

Cosmochema Magen-Darm-Tropfen (Cosmochema)
Inhaltsstoffe: Pulsatilla, Belladonna, Nux
vom., Colocynthis, Carbo veg. u.a.
Anwendung: Magenschleimhautentzündung, Sodbrennen
erhältlich als: Dilution, 30 ml und 100 ml

Cralonin (Heel)
Inhaltsstoffe: Crataegus, Spigelia, Kalium carbon.
Anwendung: Altersherz, Herzmuskel-
schäden
erhältlich als: Dilution, 30 ml

Crataegus-Plantaplex (Steigerwald)
Inhaltsstoffe: Crataegus, Arnica, Cactus,
Solidago u.a.
Anwendung: Altersherz, Herzinsuffizi-
enz mit Ödemen
erhältlich als: Dilution, 50 ml

Croton D12 (DHU)
Inhaltsstoffe: Homöopathisches Einzelmittel in D12
Anwendung: juckendes Hodenekzem,
Neuralgie
erhältlich als: Tabletten und Dilution,
10 ml

Dental-Can (Canina)
Inhaltsstoffe: Chlorhexidin, Äthylalkohol
Anwendung: Maulgestank, Zahnfleischentzündung
erhältlich als: Lösung, 250 ml (über Tierheiltherapeuten)

Dermisal (WeraVet)
Inhaltsstoffe: Sulfur C30
Anwendung: Hautfunktionsstörungen,
allgemeine Entgiftung
erhältlich als: Dilution, 20 ml

Diarrheel (Heel)
Inhaltsstoffe: Argent. nitr., Podophyll.,
Veratrum, Arsen alb. u.a.
Anwendung: Durchfälle
erhältlich als: Tabletten, 50 Stück

Discus comp. (Heel)
Inhaltsstoffe: Discus intervert. suis, Cartilago suis, Cimicifuga, Ledum, Colocynthis, Aesculus u.a.
Anwendung: Dackellähme, Bandschei-
benschäden
erhältlich als: Ampullen, 5 Stück

Dr. Schaette Wundsalbe (Schaette)
Inhaltsstoffe: Cetiol, Phenol
Anwendung: schorfige-krustige Wunden, trockene Ekzeme
erhältlich als: Salbe, 75 g (über Tierheiltherapeuten)

**Dr. Schaette Wundbalsam-Spray
(Schaette)**
Inhaltsstoffe: Perubalsam, Thymianöl,
Kamille, Ringelblume, Eichenrinde u.a.
Anwendung: zur Desinfektion von
Wunden
erhältlich als: Spray, 100 ml (über Tier-
heiltherapeuten)

Dulcamara-Injeel (Heel)
Inhaltsstoffe: Homöopathisches Einzel-
mittel im Potenzakkord
Anwendung: Naßwettermittel, weiche
Fleischwarzen
erhältlich als: Ampullen, 5 Stück

Dulcamara C30 (DHU)
Inhaltsstoffe: Homöopathisches Einzelmittel in C30
Anwendung: Nässefolgen, Rheuma,
weiche Fleischwarzen
erhältlich als: Tabletten und Dilution, 20 g

Dysenteral (WeraVet)
Inhaltsstoffe: Arsen. alb., Rheum, Podo-
phyllum in C30
Anwendung: Durchfallerkrankungen
erhältlich als: Dilution, 20 ml

Echinacea comp. (Heel)
Inhaltsstoffe: Echinac., Aconit., Lachesis,
Bryon., Grippe-Nosode, Pyrogen., Gelsem., Euphorbium u.a.
Anwendung: Anregung der körpereigenen Abwehr
erhältlich als: Ampullen, 5 Stück

Engystol (Heel)
Inhaltsstoffe: Vincetoxicum, Sulfur
Anwendung: Anregung der unspezifischen Abwehr (Entgiftung)
erhältlich als: Ampullen, 5 Stück

Euphorbium comp. (Heel)
Inhaltsstoffe: Euphorb., Pulsat., Luffa,
Mucosa nasalis suis u.a.
Anwendung: Schnupfen, Nasenneben-
höhlenerkrankungen
erhältlich als: Ampullen, 5 Stück

Euphrasia-Augentropfen (Wala)
Inhaltsstoffe: Euphrasia D2, Rosae
aetherol. D7
Anwendung: Bindehautentzündungen
erhältlich als: Phiolen, 5 Stück

Febrisal (WeraVet)
Inhaltsstoffe: Aconit., Echinacea, Lachesis in C30
Anwendung: Fieberzustände, Stärkung
der körpereigenen Abwehr
erhältlich als: Dilution, 20 ml

Flor de Piedra D12 (DHU)
Inhaltsstoffe: Homöopathisches Einzelmittel in D12
Anwendung: Leber-Galleerkrankungen,
Verwurmung
erhältlich als: Tabletten und Dilution,
10 g

Formel-Z (Biopet)
Inhaltsstoffe: Hefe, Vitamin B1 u.a.
Anwendung: natürlicher Zeckenschutz
erhältlich als: Tabletten, 125 g (über
Tierheiltherapeuten oder Tierbedarfs-
geschäft)

Frubiase-Calcium (Boehringer)
Inhaltsstoffe: Calciumcarbonat, Citro-
nensäure
Anwendung: Calciummangelzustände,
Krampfneigung, Allergien
erhältlich als: Trinkampullen, 20 Stück

Gastricumeel (Heel)
Inhaltsstoffe: Pulsat., Nux vom., Carbo
veg., Arg. nitr. u.a.
Anwendung: Magenschleimhautentzündung, Sodbrennen
erhältlich als: Tabletten, 50 Stück

Gelsemium-Hcc. (Heel)
Inhaltsstoffe: Gelsemium, Cimicifuga,
Rhus tox.
Anwendung: Halswirbelsäulen-Be-
schwerden
erhältlich als: Dilution, 30 ml

Gerontamin (Pierre Fabre)
Inhaltsstoffe: Gelatine, L-Cystin, Reti-
nolacetat, Vitamin A
Anwendung: Arthrose
erhältlich als: Beutel, 28 Stück

Graphites-Injeel (Heel)
Inhaltsstoffe: Homöopathisches Einzel-
mittel
Anwendung: trockene Hautekzeme,
Fettsucht
erhältlich als: Ampullen, 5 Stück

Gripp-Heel (Heel)
Inhaltsstoffe: Aconit., Bryonia, Laches.,
Eupator., Phosphorus
Anwendung: Grippale Infekte
erhältlich als: Tabletten, 50 Stück

Hamamelis-Salbe (Heel)
Inhaltsstoffe: Hamamelisextrakt
Anwendung: Hautentzündungen,
trockene Haut, Analdrüsenentzündung
erhältlich als: Salbe, 20 g

Hamamelis-Tinktur (Weleda)
Inhaltsstoffe: Hamamelis
Anwendung: Wundbehandlung
erhältlich als: Tinktur, 100 ml

Heelax (Heel)
Inhaltsstoffe: Aloe, Rheum, Frangula
Anwendung: Verstopfung
erhältlich als: Dragees, 30 Stück

Hepar comp. (Heel)
Inhaltsstoffe: Hepar suis, China, Lycopod., Chelidon., Carduus, Sulfur, Fel tauri
u.a.
Anwendung: Lebererkrankungen, Hauterkrankungen
erhältlich als: Ampullen, 5 Stück

Hepar sulfuris-Injeel (Heel)
Inhaltsstoffe: Homöopathisches Einzel-
mittel im Potenzakkord
Anwendung: Eiterungen, Panaritium
(→Seite 123)
erhältlich als: Ampullen, 5 Stück

Hepeel (Heel)
Inhaltsstoffe: Lycopod., Chelidon., China, Carduus, Veratr. u.a.
Anwendung: Leberfunktionsstörung
erhältlich als: Tabletten, 50 Stück

Hormeel (Heel)
Inhaltsstoffe: Senecio, Puls., Sepia, Ignat., Cyclamen u.a.
Anwendung: Störungen im weiblichen Hormonstatus
erhältlich als: Dilution, 30 ml

Husteel (Heel)
Inhaltsstoffe: Arsen. jod., Bellad., Caust., Scilla, Cuprum ac.
Anwendung: Husten, Bronchitis
erhältlich als: Dilution, 30 ml

Hydrastis-Injeel (Heel)
Inhaltsstoffe: Homöopathisches Einzelmittel im Potenzakkord
Anwendung: Schleimhauterkrankungen, zäher Schleim
erhältlich als: Ampullen, 5 Stück

Hypericum-Injeel (Heel)
Inhaltsstoffe: Homöopathisches Einzelmittel im Potenzakkord
Anwendung: Nervenschmerzen
erhältlich als: Ampullen, 5 Stück

Hypericum D4 (DHU)
Inhaltsstoffe: Homöopathisches Einzelmittel in D4
Anwendung: Nervenerkrankungen, Verbrennungen
erhältlich als: Tabletten und Dilution, 10 g

Ichtholan 20% (Ichthyol)
Inhaltsstoffe: Ammoniumbituminosulfonat
Anwendung: entzündliche Hauterkrankungen, Abszesse
erhältlich als: Salbe, 40 g

Ignatia-Injeel (Heel)
Inhaltsstoffe: Homöopathisches Einzelmittel im Potenzakkord
Anwendung: Nervosität, psychische Labilität
erhältlich als: Ampullen, 5 Stück

Keratisal (WeraVet)
Inhaltsstoffe: Belladonna, Euphrasia in C30
Anwendung: Bindehautentzündung
erhältlich als: Dilution, 20 ml

Kreosotum-Injeel (Heel)
Inhaltsstoffe: Homöopathisches Einzelmittel im Potenzakkord
Anwendung: Schleimhautkatarrhe, stinkende Sekrete
erhältlich als: Ampullen, 5 Stück

Lachesis-Injeel (Heel)
Inhaltsstoffe: Homöopathisches Einzelmittel im Potenzakkord
Anwendung: Infektionen, Linksmittel (→Seite 123)
erhältlich als: Ampullen, 5 Stück

Lachesis D30 (DHU)
Inhaltsstoffe: Homöopathisches Einzelmittel in D30
Anwendung: Blutungen, Geschwüre, Eiterungen
erhältlich als: Tabletten und Dilution, 10 g

Luvos Heilerde innerlich (Heilerde-Ges. Luvos Just)
Inhaltsstoffe: Kiesels., Calc.-Alum.-Magnes.-Kal.-oxid u.a.
Anwendung: Magen-Darmentzündungen, Zahnputzmittel
erhältlich als: Pulver, 220 g

Lycoaktin (Steigerwald)
Inhaltsstoffe: Crataegus-, Leonuri card.-, Lycopi-Extrakte u.a.
Anwendung: Schilddrüsenüberfunktion
erhältlich als: Tabletten, 50 Stück

Lycopodium-Injeel (Heel)
Inhaltsstoffe: Homöopathisches Einzelmittel im Potenzakkord
Anwendung: Leber-Galleerkrankungen, Rechtsmittel (→Seite 123)
erhältlich als: Ampullen, 5 Stück

Lymphomyosot (Heel)
Inhaltsstoffe: Ferrum jos., Aranea diad., Juglans, Veronica u.a.
Anwendung: Lymphatismus, Drüsenschwellungen
erhältlich als: Dilution, 30 ml

Magnesium-Verla (Verla)
Inhaltsstoffe: Magn.-hydrogenglutamat, Magn.-citrat u.a.
Anwendung: Tetanische Krämpfe, Pankreatitis, Leberzirrhose
erhältlich als: Dragees, 20 Stück

Melaleuka (Krieger-GmbH)
Inhaltsstoffe: Melaleuca-Öl (Teebaum)
Anwendung: Zahnfleischentzündungen
erhältlich als: Ölige Lösung, 10 ml (über Tierheiltherapeuten)

Mercurius-Injeel (Heel)
Inhaltsstoffe: Homöopathisches Einzelmittel im Potenzakkord
Anwendung: Zahnfleischentzündungen
erhältlich als: Ampullen, 5 Stück

Mucosa comp. (Heel)
Inhaltsstoffe: Arg. nitr., Bellad., Phosph., Puls. u.a.
Anwendung: Schleimhauterkrankungen
erhältlich als: Ampullen, 5 Stück

Myristica-sebifera D12 (DHU)
Inhaltsstoffe: Homöopathisches Einzelmittel in D12
Anwendung: Abszeßbildung
erhältlich als: Tabletten und Dilution, 10 g

Natrium muriaticum-Injeel (Heel)
Inhaltsstoffe: Homöopathisches Einzelmittel im Potenzakkord
Anwendung: Abmagerung trotz Appetit, bei Dosenfütterung
erhältlich als: Ampullen, 5 Stück

Nervoheel (Heel)
Inhaltsstoffe: Ignatia, Sepia, Psorin., Kal. brom., Zincum u.a.
Anwendung: Psychische Disharmonie, Neurosen
erhältlich als: Tabletten, 50 Stück

Nettisabal (Iso)
Inhaltsstoffe: Populus, Hyoscyamus, Puls., Sabal ser. u.a.
Anwendung: Prostatavergrößerung, Blasenentzündung
erhältlich als: Dilution, 50 ml

Nux vomica-Hcc. (Heel)
Inhaltsstoffe: Nux vom., Bryonia, Lycopod., Colocynthis
Anwendung: Magen-Darm-Leberbeschwerden, Blähungen
erhältlich als: Dilution, 30 ml

Nux-vomica D6 (DHU)
Inhaltsstoffe: Homöopathisches Einzelmittel in D6
Anwendung: Dackellähmesyndrom, Verstopfung, Vergiftungen
erhältlich als: Tabletten und Dilution, 10 g

Okoubaka D4 (DHU)
Inhaltsstoffe: Homöopathisches Einzelmittel in D4
Anwendung: Toxinbelastung, Vergiftungen
erhältlich als: Tabletten und Dilution, 10 g

Paeonia (Heel)
Inhaltsstoffe: Paeonia, Graphit., Sulfur, Hamamelis u.a.
Anwendung: Hämorrhoiden, Analbeutelentzündung
erhältlich als: Tabletten, 50 Stück

Perenterol (Thiemann)
Inhaltsstoffe: Saccharomyces cerev., Lactose, Saccharose
Anwendung: Durchfälle
erhältlich als: Kapseln, 20 Stück

Phytolacca-Injeel (Heel)
Inhaltsstoffe: Homöopathisches Einzelmittel im Potenzakkord
Anwendung: Gesäugeentzündungen, Mandelentzündungen
erhältlich als: Ampullen, 5 Stück

PichiPichi C30 (DHU)
Inhaltsstoffe: Homöopathisches Einzelmittel in C30
Anwendung: Wirbelsäulenverknöcherung (in Verbindung mit Dulcamara und Rhus tox.)
erhältlich als: Dilution, 20 g

Platinum C200 (DHU)
Inhaltsstoffe: Homöopathisches Einzelmittel in C200
Anwendung: gesteigerter Geschlechtstrieb
erhältlich als: Dilution, 20 g

Pro-Aller (Pekana)
Inhaltsstoffe: Comoclad., Ailanthus, Euphras., Okoubaka u.a.
Anwendung: allergische Erkrankungen, Entgiftung
erhältlich als: Dilution, 20 ml

Prostagutt (Schwabe)
Inhaltsstoffe: Sabal serr., Populi trem., Urticae u.a.
Anwendung: Prostatavergrößerung
erhältlich als: Dilution, 50 ml

Psorinoheel (Heel)
Inhaltsstoffe: Psorin., Medorrhin., Sulfur, Thuja, Luesin u.a.
Anwendung: Haut- und Lebererkrankungen, zur unspezifischen Entgiftung
erhältlich als: Dilution, 30 ml

Pulsatilla-Injeel (Heel)
Inhaltsstoffe: Homöopathisches Einzelmittel im Potenzakkord
Anwendung: Störungen im weiblichen Hormonstatus, Scheinträchtigkeit
erhältlich als: Ampullen, 5 Stück

Pyrogenium-Injeel (Heel)
Inhaltsstoffe: Homöopathisches Einzelmittel im Potenzakkord
Anwendung: Neigung zu Hauterkrankungen, Eiterungen, Fieber
erhältlich als: Ampullen, 5 Stück

Reneel (Heel)
Inhaltsstoffe: Berberis, Canthar., Sabal serr., Caust. u.a.
Anwendung: Nieren-Blasenerkrankungen, Steinleiden
erhältlich als: Tabletten, 50 Stück

Rescue-Creme (Bachblüten)
Inhaltsstoffe: Clemat., Impat., Helianthemum-Numm. u.a.
Anwendung: Verbrennungen, Verletzungen
erhältlich als: Creme, 27 g

Rhus-toxicodendron C30 (DHU)
Inhaltsstoffe: Homöopathisches Einzelmittel in C30
Anwendung: Gelenkbeschwerden, wenn Nässe und Kälte verschlimmern
erhältlich als: Tabletten und Dilution, 20 g

Rumisal (WeraVet)
Inhaltsstoffe: Nux vomica C30
Anwendung: Verdauungsstörungen, Dackellähme
erhältlich als: Dilution, 20 g

Secale-cornutum C30 (DHU)
Inhaltsstoffe: Homöopathisches Einzelmittel in C30
Anwendung: Wehenschwäche
erhältlich als: Tabletten und Dilution, 20 g

Sepia-Injeel (Heel)
Inhaltsstoffe: Homöopathisches Einzelmittel im Potenzakkord
Anwendung: Störungen im weiblichen Hormonstatus
erhältlich als: Ampullen, 5 Stück

Silicea-Injeel (Heel)
Inhaltsstoffe: Homöopathisches Einzelmittel im Potenzakkord
Anwendung: Bindegewebsschwäche, Hauterkrankungen
erhältlich als: Ampullen, 5 Stück

Solidago comp. (Heel)
Inhaltsstoffe: Solidago, Berb., Pyelon suis, Cantharis u.a.
Anwendung: Erkrankungen der Nieren und Harnwege
erhältlich als: Ampullen, 5 Stück

Spascupreel (Heel)
Inhaltsstoffe: Colocynthis, Chamom., Cuprum, Gelsem., Magn. phosphor., Veratrum u.a.
Anwendung: Krampfneigungen aller Art
erhältlich als: Tabletten, 50 Stück

Spongia-Injeel (Heel)
Inhaltsstoffe: Homöopathisches Einzelmittel im Potenzakkord
Anwendung: Husten, Schilddrüsenerkrankungen, Herzprobleme
erhältlich als: Ampullen, 5 Stück

Sulfur-Injeel (Heel)
Inhaltsstoffe: Homöopathisches Einzelmittel im Potenzakkord
Anwendung: Juckreiz, Hauterkrankungen
erhältlich als: Ampullen, 5 Stück

Sulfur C30 (DHU)
Inhaltsstoffe: Homöopathisches Einzelmittel in C30
Anwendung: Juckreiz, Hauterkrankungen
erhältlich als: Tabletten und Dilution, 20 g

Syzygium comp. (Heel)
Inhaltsstoffe: Syzygium, Secale corn., Lycopod., Nat. sulf. u.a.
Anwendung: Alters-Zuckerkrankheit
erhältlich als: Dilution, 30 ml

Staphisagria–Injeel (Heel)
Inhaltsstoffe: Homöopathisches Einzelmittel im Potenzakkord
Anwendung: Reizbarkeit, Gerstenkörner, Schnittverletzungen
erhältlich als: Ampullen, 5 Stück

Staphylosal (WeraVet)
Inhaltsstoffe: Hepar sulfuris C30
Anwendung: Eiterungen, Abszeßbildung
erhältlich als: Dilution, 20 ml

Tanacet-Heel (Heel)
Inhaltsstoffe: Tanacetum, Artemis. vulg., Serpyllum u.a.
Anwendung: Verwurmung
erhältlich als: Dilution, 30 ml

Tartephedreel (Heel)
Inhaltsstoffe: Tartar. stib., Bellad., Nat. sulf., Arsen. jod. u.a.
Anwendung: Bronchitis, Husten
erhältlich als: Dilution, 30 ml

Thuja–Injeel (Heel)
Inhaltsstoffe: Homöopathisches Einzelmittel im Potenzakkord
Anwendung: blumenkohlartige Warzen, Hauterkrankungen
erhältlich als: Ampullen, 5 Stück

Thuja D30 (DHU)
Inhaltsstoffe: Homöopathisches Einzelmittel in D30
Anwendung: blumenkohlartige Warzenbildungen, Vergiftungen
erhältlich als: Tabletten und Dilution, 10 g

Thyreoidea comp. (Heel)
Inhaltsstoffe: Galium, Conium, Calc. fluorat., Thyreoidea suis, Spongia u.a.
Anwendung: Schilddrüsenunterfunktion
erhältlich als: Ampullen, 5 Stück

Toxex (Pekana)
Inhaltsstoffe: Apis, Hydrastis, Okoubaka, Galium, Vicetox. u.a.
Anwendung: unspezifische Entgiftung
erhältlich als: Dilution, 20 ml

Traumeel (Heel)
Inhaltsstoffe: Arnica, Calend., Hamamel., Bellad., Hepar sulf., Hypericum u.a.
Anwendung: Verletzungen und Schmerzen aller Art
erhältlich als: Dilution, 30 ml, Tabletten, 50 Stück, Salbe, 50 g, Ampullen, 5 Stück

Urtica–urens D6, C30 (DHU)
Inhaltsstoffe: Homöopathisches Einzelmittel in D6 bzw. C30
Anwendung: bei Milchüberschuß D6, bei Milchmangel C30
erhältlich als: D6 Tabletten und Dilution, 10 g, C30 Tabletten und Dilution, 20 g

Veratrum–Hcc. (Heel)
Inhaltsstoffe: Veratrum, Aloe, Rheum, Tormentilla
Anwendung: Kreislaufkollaps
erhältlich als: Dilution, 30 ml

Vertigoheel (Heel)
Inhaltsstoffe: Cocculus, Conium, Ambra, Petroleum
Anwendung: Schwindel
erhältlich als: Tabletten, 50 Stück

Vomisal (WeraVet)
Inhaltsstoffe: Ipecacuanha C30
Anwendung: Erbrechen
erhältlich als: Dilution, 20 ml

Zeel (Heel)
Inhaltsstoffe: Cartilago suis D2, Funiculus umbilicalis D2, Rhus tox., Arnica, Symphyt. u.a.
Anwendung: Arthritis, Arthrose und andere Gelenkbeschwerden
erhältlich als: Tabletten, 50 Stück, Ampullen, 5 Stück

Bach–Blüten

Dazu gehören 38 verschiedene heilkräftige Blüten sowie die sogenannten Notfalltropfen oder Rescue-Tropfen. Sie sind über Apotheken frei verkäuflich. Sie erhalten die Blüten in 10-ml-Fläschchen, den sogenannten Stockbottles, die Rescue-Tropfen auch in 20-ml-Fläschchen; darüber hinaus sind auch Mischungen erhältlich, sowohl in Wasser als auch in Alkohol.

Die einzelnen Blüten heißen: Agrimony, Aspen, Beech, Centaury, Cerato, Cherry Plum, Chestnut Bud, Chicory, Clematis, Crab Apple, Elm, Gentian, Gorse, Heather, Holly, Honeysuckle, Hornbeam, Impatiens, Larch, Mimulus, Mustard, Oak, Olive, Pine, Red Chestnut, Rock Rose, Rock Water, Scleranthus, Star of Bethlehem, Sweet Chestnut, Vervain, Vine, Walnut, Water Violet, White Chestnut, Wild Oat, Wild Rose, Willow.

Lexikon der Fachausdrücke

Adenom
Gutartige Geschwulst, vom Drüsengewebe ausgehend.

affektiert
Durch eine Krankheit befallen.

akutes Geschehen
Plötzlich, schnell, heftig auftretende Situation.

Allergie
Überempfindlichkeitsreaktion des Körpers auf bestimmte Stoffe.

anaphylaktisch
Allergische Reaktion auf bestimmte Arzneimittelsubstanzen.

Apathie
Teilnahmslosigkeit gegen äußere Eindrücke.

Aphthen
Mundschleimhautdefekt.

Bioresonanzanalyse
Laboranalyse, die darauf beruht, daß sich jede krankhafte oder manifest krankhafte Störung bereits im Schwingungsbereich des Körpers zu entwickeln beginnt und mit deren Hilfe der Therapeut den Schwingungsbereich nach Störungen absuchen kann. Dadurch ist sie auch als Krankheitsvorsorge einsetzbar. Sie wird an einem Fellbüschel oder einem Blutstropfen durchgeführt. Ebenso können dabei Medikamente ermittelt werden, die den Organismus zu dieser Zeit wieder »ins Gleichgewicht« – also in eine gesunde Schwingung – bringen.

chondrodystrophisch
Erblich bedingter disproportionaler Wuchs.

Degeneration
Verschleißerscheinung oder Entartung; Ersatz vollwertiger Substanz durch minderwertige.

diabetisches Koma
Bewußtlosigkeit, die durch einen extrem hohen Blutzuckergehalt hervorgerufen wird.

Dilution
Arzneimittel in flüssiger Form.

Disposition
Veranlagung, Krankheitsbereitschaft.

Einzelmittel
→homöopathisches Einzelmittel.

Ektoparasit
Schmarotzer, der sich auf der Hautoberfläche ansiedelt (ekto = außen), →Parasit.

Endoparasit
Schmarotzer, der sich in Körperhöhlen und im Organismus aufhält (endo = innen), →Parasit.

Enzephalitis
Gehirnentzündung.

Erstverschlimmerung
Akute Erstreaktion auf ein homöopathisches Heilmittel in einer niedrigen Potenz, das Krankheitsbild tritt in verschlimmerter Form auf.

Euthanasie-Injektion
Tötung durch Verabreichung von Betäubungsmitteln.

Farbtherapie
Heilverfahren, bei dem der Organismus durch die Einwirkung von Farben in Form von farbigem Licht einen Heilanstoß erfährt.

Feigwarzen
Gewebswucherungen, die meist durch einen Virus bedingt sind.

Gaumenspalten
Angeborene Nichtverwachsung der beiden Gaumenhälften.

Gegensensibilisierung
Eine spezielle Form der Eigenblutbehandlung; dabei handelt es sich um eine ursächliche Allergiebehandlung ohne vorherige Allergietestung – vor allem bei Mehrfachallergien, bei der ein auslösender Faktor nicht bekannt sein muß.

Heilanstoß
Durch ein Heilmittel gesetzte Anregung der körpereigenen Abwehr zur Selbstheilung.

homöopathisches Einzelmittel
Heilmittel, das nur aus einer homöopathischen Substanz in nur einer bestimmten Einzel-Potenz besteht.

homöopathische Hochpotenz
Heilmittel, das über die Potenz D30 hinaus verdünnt (= potenziert, →dort) wurde.

homöopathisch potenziertes Zellpräparat
Eine Zellsubstanz, die homöopathisch verdünnt (= potenziert) wird.

Hüftgelenksdysplasie
Vererbbare Verformung des Hüftgelenks.

Infusionstherapie
Tropfenweises Einfließenlassen größerer Flüssigkeitsmengen.

Kallus
Knochenneubildung an einer Bruchstelle.

Kastration
Operative Entfernung der Keimdrüsen (Hoden beziehungsweise Eierstöcke und Gebärmutter).

Komplexmittel
Heilmittel, das aus mehreren homöopathischen Einzelmitteln besteht.

Konstitutionstherapie
Stabilisierung oder Regulierung der Gesamtverfassung eines Lebewesens.

Linksmittel
Homöopathisches Mittel, das speziell die Organe auf der linken Körperhälfte beeinflußt.

Lungenödem
Vermehrung von seröser Flüssigkeit im Lungengewebe.

Lymphe
Hellgelbe Flüssigkeit, die durch Austritt von Blutplasma ins Gewebe entsteht.

materiell–manifestiert
Eine Erkrankung hat den materiellen Organismus bereits befallen.

Meridian
Begriff aus der chinesischen Medizin; zusammenfassende Bezeichnung für die Leitbahnen der Yin- und Yang-Energieströme sowie Träger der Akupunkturpunkte.

milder Ausfluß
Nicht wundmachende, nicht ätzende Ausscheidung.

Nosodentherapie
Naturheilverfahren, das nach dem Isopathischen Prinzip »Gleiches mit Gleichem« heilt. Es werden Substanzen einer bestimmten Erkrankung einem Lebewesen appliziert, das an dieser Krankheit leidet. Dient zur spezifischen Ausleitung von Krankheitserregern.

Ödem
Flüssigkeitsansammlung im Gewebe.

Panaritium
Eitrige Entzündung an Fingern und Hand aufgrund einer Wundinfektion mit Eitererregern.

Parasit
Schmarotzer, der in oder auf einem Lebewesen auf dessen Kosten lebt.

peripher
Außerhalb, am Rande.

Phiole
Kleine Plastikampulle, die mit einer geringen Menge (meist 1ml) einer Medikamentenlösung gefüllt ist (z.B. Augentropfen).

Polyarthritis
Entzündung zahlreicher Gelenke zur gleichen Zeit.

potenzierte Form
Naturheilmittel, das homöopathisch aufbereitet, das heißt verdünnt wurde (potenziert = verdünnt).

Rechtsmittel
Homöopathisches Mittel, das speziell die Organe auf der rechten Körperhälfte beeinflußt.

Rekonvaleszenzmittel
Heilmittel, das den Genesungsvorgang fördert.

Rezidiv
Rückfall einer bestimmten Erkrankung durch denselben Krankheitsauslöser.

Schwingungsbereich
Der den Körper umgebende Frequenzbereich, in dem mittels Bioresonanzanalyse krankhaft veränderte Abweichungen von der Norm bereits zu einem Zeitpunkt erfaßt werden, bevor sie sich im Organismus manifestiert haben.

Sekundärinfektion
Zusätzliche Infektion eines bereits infizierten Organismus, wobei dem zweiten Erreger die Ansiedelung durch den ersten ermöglicht wurde.

Sepsis
Bakterielle Allgemeininfektion, Blutvergiftung.

Stauungslunge
Veränderungen an der Lunge infolge Druckerhöhung im Lungenkreislauf durch Versagen des linken Herzens.

Sterilisation
Durchtrennen der Eileiter (Hündin) beziehungsweise Samenleiter (Rüde).

tetanische Krämpfe
Spezifische Krämpfe, die bei einer Tetanuserkrankung (= Wundstarrkrampf) auftreten.

therapieresistent
Der Organismus spricht auf eine Therapie nicht an.

Toxin
Giftstoffe, die als Zerfallsprodukte von Bakterien entstehen. Toxine greifen maßgeblich in den Stoffwechsel ein und können daher speziell den Stoffwechsel der Entgiftungsorgane in seiner Funktion be- und überlasten.

wundmachender Ausfluß
Ätzender Ausfluß.

Zytoplasmatische Therapie
Eine elegante Form der Frischzellentherapie; es werden nur die Zellbestandteile verwendet, die ein Organismus zum Regenerationsprozeß benötigt. Zellballast (z. B. artfremdes Eiweiß, das Allergien hervorrufen kann) ist herausgefiltert.

Beschwerden-register

Halbfett gesetzte Seitenzahlen verweisen auf Farbfotos oder Zeichnungen.
U bedeutet Umschlagseite.

Abmagerung 44
Abszeß 79
Afterpflege 109
Akupressur 21
Allergie 74
Analdrüsen, entzündete 84
Analdrüsen, verstopfte 84
Angst 94
Arthritis 89
Arthrose 89
Atemnot 26, 101
Atmungsorgane, Erkrankungen der 39–43
Augenpflege 108
Augentropfen eingeben **107**, 107
Autofahren 52

Bach-Blüten 121
Bach-Blütentherapie 19
Bandscheibenvorfall 87
Bandwürmer 57
Bauchwassersucht 65
Bewegungsapparat, Erkrankungen des 87–93
Bewußtlosigkeit 101
Bindehautentzündung 34
Bioresonanzanalyse 24, 122
Bißverletzungen 113
Blähungen 30
Blasenentzündung 64
Bleistiftstuhl 115
Blutungen 99, 113
– äußere 99
– innere 99
– stillen **112, 113,** 113
Bronchitis 40

Dackellähme 87
Darmparasiten 57
Diabetes insipidus 85
Diabetes mellitus 85
Diäten 110, 111
– bei Allergie 110
– bei Bauchspeicheldrüsenerkrankungen 111
– bei Gastritis 110
– bei Lebererkrankungen 111
– bei Magen-Darmerkrankungen 110
– bei Nierenerkrankungen 111
– bei Steinleiden 111
– bei Zuckerkrankheit 111
– für übergewichtige Hunde 111
Dicker Bauch 45
Dosierungsanleitung U 2
Drüsen, Erkrankungen der 73–86
Durchfall 30, 58

Eifersucht 95
Ektoparasiten 82
Ekzeme 78
– am Ohrrand 37
Endoparasiten 57
Epilepsie 92
Erbrechen 28, 30, 52
Ernährung 14–17
– des jungen Hundes 16
– des kranken Hundes 17
Erstdiagnose 26–31
Erste-Hilfe-Maßnahmen 112
Euthanasie-Injektion 98

Fahrkrankheit 52
Farbtherapie 22, 122
Fellpflege 108
Fettsucht 45
Fieber messen **104**, 104

Flöhe 82
Flüssigkeitsaufnahme 17
Fressen
– viel 28
– wenig 28
Futter 12, 14–17
– Menge 16
– selbstgemacht 14
– Tagesbedarf 16
– Zeiten 16

Gastritis 54
Gebetsstellung **114**, 114
Gerstenkorn 35
Gesäugeentzündung 70
Geschlechtsorgane, Erkrankungen der 62–72
Geschlechtstrieb, vermehrter 66
Gesundheitsvorsorge 8, 24
Globuli eingeben 106
Grasmilben 83

Haarausfall 76
Haarbruch 76
Hagelkorn 35
Hakenwürmer 57
Harnabsatz, vermehrt 30
Harnträufeln 62
Harnwegsorgane, Erkrankungen der 62–72
Hausapotheke 105
Haut, Erkrankungen der 73–86
Heimweh 96
Herzschwäche 43
Hitzschlag 100
Hoden, Erkrankungen der 72
Hoden72
– Ekzem 72
– Entzündung 72
– Tumor 72
Homöopathie 18
Hundehaltung 10, 11
Husten 26, 40

Impfung 8, 9
Insektenstich 100

Juckreiz 26

Kastration 97
Komplexmittel 22
Kopf schiefhalten 36, 115
Krallenpflege 108
Krampfanfälle 92
Krankheitsauslöser 9
Kreislauforgane, Erkrankungen der 39–43
Kreislaufschwäche 42

Lähmungen 101
Laser-Akupunktur 21, **24**
Läufigkeit 67
– Abspritzen einer 97
– normale 67
– unregelmäßige 67
Läuse 82
Lebererkrankungen 55
Lecken 26
Lungenentzündung 41

Magenschleimhautentzündung 54
Mandelentzündung 51
Maulgestank 50
Milben 83
Milchmangel 69
Milchüberschuß 69
Muskelkater 87

Narkose 98
Nasenausfluß 39
Nasenbluten 99
Nasenpflege 108
Naturheilmittel eingeben 106, 107
Naturheilverfahren 18–23
Nerven, Erkrankungen der 87–93
– Entzündung 91

Neuralgie 91
Nierendegeneration 65
Nierenentzündung 65
Nierenerkrankungen 64
Nierensteine 65
Nosodentherapie 20, 123
Notfälle 99–101

Ohrentropfen eingeben **107**, 107
Ohrentzündungen 36
Ohrpflege **109**, 109
Ohrrandekzem 37
Ohrspeicheldrüsenentzündung 38
Operationen 97
– Nachsorge 98
– Vorsorge 98
Organsystem des Hundes U 3

Parasiten 57, 82
Peitschenwürmer 57
Penispflege 109
Pflegemaßnahmen 10, 108, 109
Pfotenbenagen 80
Pfotenpflege 108
Prostataentzündung 71
Prostataerkrankung 70
Prostatavergrößerung 71
Psyche, Erkrankungen der 94–98
Puls messen **105**, 105

Räudemilben 83

Salben auftragen 107
Scheinträchtigkeit 67
Schlittenfahren **114**, 114
Schluckbeschwerden 46
Schuppen 73
Schwanken 26
Schwanz, abstehender **115**, 115
Schwanzbeißen **115**, 115
Sinnesorgane, Erkrankungen an 34–38

Skelett des Hundes U 3
Sodbrennen 30
Sonnenstich 100
Spaziergang 13
Speicheln 26
Spulwürmer 57
Sterbehilfe 98
Sterilisation 97

Tabletten eingeben 106
Taumeln 26
Tinkturen auftragen 107
Transport des bewußtlosen Hundes 101
Trinkampullen eingeben **106**, 106
Trinken 17
– viel 28
– wenig 28
Tropfen eingeben 106

Verbrennungen 99, 113
Verdauungsapparat, Erkrankungen des 44–61
Vergiftungen 100
Verhaltensweisen, auffällige 114, 115
Verletzungen 112, 113
Verstopfung 60
Vorhautkatarrh 62

Warzen 74
Wasserharnruhr 85
Wehenschwäche 68
Wundversorgung 112
Wurmbefall 8, 57

Zahnfleischentzündung 48
Zahnfleischwucherung 49
Zahnpflege **109**, 109
Zahnstein 50
Zahnungsprobleme 48
Zecken 8, 82
Zuckerkrankheit 85
Zytoplasmatische Therapie 21, 123

Aus Liebe und Verantwortung

Heimtiere machen nicht nur Kindern, sondern der ganzen Familie viel Freude. Und ob Hund, Hamster oder Wellensittich – wer sich einmal an den kleinen Liebling gewöhnt hat, möchte ihn nicht mehr missen. Deshalb ist es wichtig, über die Bedürfnisse der Tiere wirklich Bescheid zu wissen. Die **GU Tier-Ratgeber** – von anerkannten Autoren geschrieben – sind ideal als Helfer bei der artgerechten Haltung mit Herz und Verstand. GU Ratgeber gibt es zu allen beliebten Tierarten. Sie sind auch für Kinder geeignet, die ihr Tier selbst versorgen wollen.

DER GROSSE
GU RATGEBER

Ulrich Klever

HUNDE

Experten-Rat für die
Hundehaltung
mit Herz und Verstand

34,80 DM

Änderungen und Irrtum vorbehalten.

12,80 DM

14,80 DM

12,80 DM

12,80 DM

Mehr draus machen
Mit Gräfe und Unzer

Literatur

Scheffer, M. (1994): Seelische Gesundheitsvorsorge für unsere Haustiere. Bach-Blütencenter, Hamburg.

Stein, P. (1994): Wie hilft die Naturheilkunde meinem Hund. Natura Med Verlagsgesellschaft, Neckarsulm.

Stein, P. (1995): Homöopathische Therapie des Hundes. Natura Med Verlagsgesellschaft, Neckarsulm.

Streitferdt, U. (1994[2]): Mein kranker Hund. Erste Hilfe – Behandlung – Pflege. Gräfe und Unzer Verlag GmbH, München.

Wolff, H. G. (1984): Unsere Hunde – gesund durch Homöopathie. Johannes Sonntag Verlag, Regensburg.

Nützliche Adressen

Wenn Sie einen Tierheiltherapeuten suchen, schauen Sie in den Gelben Seiten des Telefonbuches nach oder wenden Sie sich an eine der unten angegebenen Adressen von Schulen und Ausbildungsstätten.

Akademie für Tiernaturheilkunde
Bimöhler Str. 32
24576 Bad Bramstedt

FAT Freies und privates Ausbildungsinstitut für alternative Tierheilkunde
Husemannstr. 25–27
45879 Gelsenkirchen

Dr. Edward Bach Centre
Institut für Bach-Blütentherapie,
Forschung und Lehre
Mechthild Scheffer GmbH
German Office
Lippmannstr. 57
22769 Hamburg

Dr. Edward Bach Centre
Institut für Bach-Blütentherapie,
Forschung und Lehre
Mechthild Scheffer GmbH
Austrian Office
Seidengasse 32/1/52
A-1070 Wien

Dr. Edward Bach Centre
Institut für Bach-Blütentherapie,
Forschung und Lehre
Mechthild Scheffer AG
Swiss Office
Mainaustr. 15
CH- 8034 Zürich

Bezug der auf den Seiten 116–121 angegebenen Heilmittel

Alle Heilmittel sind sowohl in Deutschland als auch in Österreich und der Schweiz über Apotheken zu beziehen. Besonderheiten gelten für folgende Firmen:

● VitOrgan
Bezug der Heilmittel in der Schweiz nur direkt über VitOrgan, Brunnwiesenstr. 21, D-73760 Ostfildern

● Canina
Bezug der Heilmittel in Österreich über Canina-Austria, Panzenbeckgasse 7, A-8010 Graz
Bezug der Heilmittel in der Schweiz über Eva Küng, Weißental, CH-8483 Kollbrunn

● Formel Z
Bezug der Heilmittel direkt über Bandorf GmbH, Hauptstr. 33, D-97526 Sennfeld

● Schaette
Bezug der Heilmittel in Österreich über Vana GmbH, Wolfgang-Schmälzl-Gasse 6, A-1020 Wien
Bezug der Heilmittel in der Schweiz über
Sintco AG, Harturmstr. 175, CH-8037 Zürich

● WeraVet
Bezug der Heilmittel in Österreich über Richter Pharma, Feldgasse 19, A-4600 Wels
Bezug der Heilmittel in der Schweiz nicht möglich.
Bestellung nur über eine Apotheke in Deutschland

● Iso
Bezug der Heilmittel in Österreich über Koch OHG, Herrenstr. 2, A-4010 Linz
Bezug der Heilmittel in der Schweiz über Apotheke »Zur Eiche«, Platz 10, CH-9100 Herrisau (nur Kanton Appenzell Außerrhoden)

Die Autorin

Petra Stein, von Jugend an mit Hunden und Katzen aufgewachsen, erhielt Ihre Ausbildung zur diplomierten Tier-Heiltherapeutin in der Deutschen Gesellschaft der Tierheilpraktiker, Gelsenkirchen, bei der sie seitdem auch Mitglied ist. Seit 1986 hat sie in München eine eigene Praxis für Hunde und Katzen. Sie war als Dozentin an verschiedenen Volkshochschulen in und um München tätig. Außerdem ist sie Autorin mehrerer Bücher über Naturheilkunde bei Hunden.

Impressum

© 1996 Gräfe und Unzer Verlag GmbH, München

Redaktion: Michael Eppinger
Lektorat: Angelika Lang
Herstellung: Verena Römer
Umschlaggestaltung: Heinz Kraxenberger
Buchgestaltung: Hubertus Hepfinger
Satz: Buchmacher Bär
Reproduktion: Fotolito Longo
Druck und Bindung: Appl

ISBN 3-7742-3155-9

Auflage	4.	3.	2.	1.
Jahr	99	98	97	96